사람이 너무 어려운 나에게

MURISHINAI RENSHUU

Copyright © 2015 Taizo Kato

Korean translation rights arranged with Mikasa-Shobo Publishers Co., Ltd., Tokyo
through Japan UNI Agency, Inc., Tokyo and Korea Copyright Center, Inc., Seoul

이 책은 (주)한국저작권센터(KCC)를 통한 저작권자와의 독점계약으로 도서출판 작은우주에서 출간
되었습니다. 저작권법에 의해 한국 내에서 보호를 받는 저작물이므로 무단전재와 복제를 금합니다.

사람이 너무
어려운 나에게

가토 다이조 지음
박선형 옮김

BOOK
AGIT

한 사람으로
인정받고 사랑받는 법

사람은 누구나 인정받고 사랑받으며 살기를 원한다. 사실 그것은 먹고 자는 것만큼이나 우리에게 절실한 욕구이다. 그러나 한 사람으로 타인들에게 인정받고 사랑받으려면 우리는 자신을 바라보고 스스로 단점이나 약점 등을 바로잡아나가는 것이 필요하다.

그러나 어떤 사람들은 자신에게 사랑받을만한 아름다운 특성이 있으면서도 그것을 알지도, 인정하지도 않는다. 오히려 자신의 고유한 장점마저도 부끄러워하고 심지어 감추려 해서 인간관계에 있어 자연스러운 소통이나 존중심이 기초가 된 원만한 관계를 맺기 어려워하는 경우가 많다.

이 책은 이러한 사람들의 다양한 오해와 이에 더하여 스스로가 만든 허상에 관해 이야기할 것이다. 다른 사람들에게 사랑받고 인정받기 위해서 사람들의 시선을 지나치게 의식하여 자신을 치장하고 제 한계를 넘어 애쓰는 것이 얼마나 불필요한 일인가를 설명할 것이다. 나 역시도 사람들에게 인정받고 사랑받으려고 무리했던 과거가 있다. 상대의 마음을 오해하여 혹시나 나에 대해 반감을 품지 않을까 두려워 걱정했던 경험도 많다.

그러나 주변 사람들의 마음을 이해하지 못하고 엇갈리는 것만큼 불행을 자초하는 일도 드물다. 좋은 관계를 만들기 위해 하는 힘겨운 노력이 오히려 역효과를 내며 서로를 불편하게 만들기 때문이다. 자신의 힘과 능력을 어필하려고 허세를 부리는 사람들을 우리는 쉽게 떠올릴 수 있다. 그 헛된 노력을 하면서도 그들은 자신이 얼마나 우스꽝스러운지 느끼지 못한다. 나 역시 오랜 세월 존경받으려 잘난 척을 하며 살아왔다. 그러나 이제껏 허세를 부릴 때 존경받은 적은 단 한 번도 없었다.

심리학에서 쓰는 유명한 말 중에 '피해망상被害妄想'이라는 말이 있다. 이는 피해를 받지 않았는데 받은 것처럼 느끼는 심리이다. 이와 같은 맥락에서 나는 '피책被責망상'에 대해서 강조하고 싶다. 이것은 상대로부터 책임을 떠맡지 않았는데도 불구하고 책임감을 느끼는 심리이다. 이러한 망상을 가지고 있으면 있지도 않은 피해를 보았다고 느끼는 것처럼 주어지지도 않은 책임을 이행하려고 노력하게 되는 것이다.

상대가 자기에게 지우지도 않은 책임을 다하려고 노력하는 사람은 책임을 물을 것이라는 생각에 긴장하고 과도한 노력을 하게 되는데 실질적으로 이러한 두려움은 근거가 전혀 없다. 이러한 생각은 상대의 의중과는 무관하게 자신이 생각한 현실을 진리로 착각하기 때문에 벌어지는 경우가 많다.

이러한 종류의 사람들은 상대에 대한 관심이 전혀 없음과 동시에 상대의 관점에 대한 이해와 배려도 하지 못함을 드러내는 것이다. 상대가 무엇을 생각하는지, 무엇을 느끼는지 또는 무슨 말을 하려 하는지를 전혀 의식하지 못하는 것이다.

왜냐하면 이들은 매사를 자기중심적으로 해석하기 때문이다. 자신에게 주어진 책임을 이행하는 데만 관심을 가지며 늘 '평가'받는다고 느끼기 때문에 정당한 조언이나 애정 어린 지적을 무조건 비난받았다고 단정해버린다. 이들에게 공평하고도 균형 잡힌 대인관계는 이미 먼 나라 이야기이다.

자신에 대해 쉬지 못하면
어디를 가나 불편하다

앞서 '피책被責망상'이라는 말에 이어 '피혐被嫌망상'이라는 말을 덧붙이고 싶다. 타인에게 미움을 받지 않음에도 불구하고 혐오의 대상이 되었다고 생각하는 심리이다. 이 책에서는 자신의 약점이 드러나는 것을 두려워한 나머지 이러한 '피혐망상'에 빠지는 사람의 심리에 대해 말할 것이다.

피혐망상의 심리에 빠진 사람들은 '내 약점이 드러나면 사람들이 나에 대해 혐오감을 느낄 것'이라고 생각한다. 약점을 가지고 있는 것과 혐오감을 느끼는 것이 특별한 연관성이 없을 때도 그들은 자신의 약점이 곧 혐오감의 대상이 되는 이유라고 착각한다.

그러나 솔직하게 있는 그대로의 자신을 표현하고 마음을 드러내면 자신도 느끼지 못하는 그 사람만이 가진 고유한 장점이 자연스럽게 나타나기 마련이다. 하지만 허세를 부리며 억지를 부리기 때문에 오히려 그 장점이 가려지게 되며 긴장하고 애를 쓰면서도 피하고 싶은 일을 자신 스스로 만들게 되는 것이다.

자신을 내려놓고 편안하게 살아가도 호감을 얻을 수있는데 애써 무리하며 자신을 포장하려 하므로 외톨이가되는 것이다. 고통스러운 노력의 결과가 모두에게 따가운 시선을 받고 외로운 인생을 보내는 것이라면 너무 억울하지 않은가?

자신을 발견하고
스스로에게 진정한 친구가 되라

그런 사람은 차라리 호감을 얻지 않는 편이 행복할지 모르겠다. 호의를 얻으려고 자신을 부정하는 동안 본래 갖춰진 자신의 가치를 잃어버리기 때문이다. 그런 사람이 예전의 나를 포함해 상당히 많으리라 생각한다.

우리는 '저 사람은 피해망상이 있어'라는 말을 자주 하는 경향이 있다. 그런데 나는 그보다 '저 사람은 피혐망상이 있다'라는 말을 하고 싶을 때가 많다.

존경받을만한 사람인데 어딘가 자신감이 부족해 보이는 경우, 수줍어하는 것 같은데 허세가 넘치는 경우, 그럴 만한 힘도 없는데 필사적으로 자신을 과시하려 드는 경우 모두가 여기에 속한다. 그런 사람이 숨기고 싶어 하는 것은 결코 자신의 진짜 약점이 아니다. 자신이 스스로 자기의 어떤 부분을 열등하다고 단정 짓고 약점이 아닌 것도 약점이라고 생각하는 것이다. 그러면서 혹시나 그 약점이 드러나지 않을까 두려워한다.

마찬가지로 미움을 받지도 않는데 미움받고 있다고 생

각하며 멸시를 당하지 않는데도 멸시당하고 있다고 생각하는 사람도 있다. 사람들은 그가 부족하다고 생각하지 않는데 자신 스스로가 그렇다고 믿고 열등감을 과장하며 비뚤어진 생각으로 자신을 괴롭히는 사람들이 세상에는 얼마나 많은지 모른다! 자신을 스스로 멸시하는 사람은 자신이 걸어온 길을 부정하고 불평하는 사람이다. 실제로 그 사람이 걸어온 길은 비난받을 일 없이 정상적이며 훌륭한데도 오직 스스로가 부족하다고 생각하고 그러한 자신이 쓸모없다고 비난하는 것이다.

이런 사람의 특징 중에는 상대가 특별히 잘못한 것이 없어도 작은 태도를 문제 삼아 자신을 무시하냐며 화를 내는 경우가 많다. 상대가 어이가 없어 웃기라도 하면 '역시 나를 우습게 보는군'이라며 시비를 거는 것이다.

보통은 상대의 얼굴을 보면 상대가 존중하고 있는지 재미있어서 웃는지를 알 수 있다. 그래서 오해하는 일이 드물다. 그런데 자신을 스스로 멸시하는 사람은 그런 판단력이 부족하다. 따라서 그 주변 사람들이 '그럴 의도가 아니었어'라고 말하게 한다.

친하다고 여겨서 한 말을 무시한다고 느끼는 사람, 존중하기 때문에 편하게 자신을 드러내려고 하는 것을 멸시한다고 느끼는 사람이 있다. 이들은 '피해망상'이라기보다 '피멸시被蔑視망상'이라고 보는 것이 적합하다.

그 밖에도 현실과 상관없이 상상 속에서 고민하고 혼자 지쳐가는 사람이 있다. 이 책에서는 '피혐망상'인 사람 또는 '피멸시망상'인 사람이 현실에 관계하지 않고 홀로 외롭게 허상의 세계에서 살아가는 공포감에 대해서도 밝혀보고자 한다.

청둥오리가 수탉이 될 수 있는가?

이솝 이야기 중에서 '수탉과 청둥오리'라는 이야기가 있다. 어느 날 수탉을 많이 기르는 주인이 청둥오리 한 마리를 사서 함께 기르기 시작했다. 그러자 수탉들이 청둥오리를 쪼아대며 괴롭혔다. 그런 청둥오리는 자신이 닭들과 달라서 따돌림받는다고 생각해 서러웠다. 하지만 유심히 관찰해보니 수탉들은 자기들끼리도 서로 툭하면 쪼아

대고 못살게 구는 것을 알게 되었다. '나만 당하는 것이 아니었군, 자기네들끼리도 서로 싸우다니'라면서 청둥오리는 조금씩 기운을 되찾았다.

이처럼 바보 취급을 당하지 않았음에도 자기만 '바보 취급을 당했다'라고 생각하고, 또 상대는 결코 우습게 보지 않았는데 그렇게 본다고 생각하는 사람이 많다. 그러면서 '나를 얕잡아 보지마!'라고 성질을 내는 것이다. 이것이야말로 '피멸시망상'이다. 멸시당하지 않았는데 그렇다고 단정하여 멋대로 화를 내는 것이다. 이는 상대의 특성을 파악하지 못하는 것이 원인이 된다. 수탉의 특성을 알지 못해서 나만 따돌림받고 바보 취급당했다고 오해한 청둥오리처럼 말이다.

행복에 적합한 체질로
당신도 바뀔 수 있다

열등감을 가지면 '피멸시망상'에 시달리게 된다. 우리들은 피혐망상, 피책망상, 피멸시망상 등등 극단적으로 말하면 이러한 수많은 망상 속에서 살아가고 있다.

이를 하버드 대학 심리학 교수 엘렌 랭어Ellen Langer의 말을 인용하면 '얽매임'이라 한다. 이 책은 이러한 자신을 옥죄는 '얽매임'으로부터 해방되기 위한 방법을 알려주고자 한다.

'사람은 과거와 상상에 영향을 받는다'라는 명언이 있다. 이때 과거와 상상으로부터 자유롭다는 것은 곧 '자율'을 의미한다. 그리고 인간은 자유로워지는 프로세스를 거치는 동안 거대한 심적 에너지를 필요로 한다.

또한 '피멸시망상'이나 '피혐망상'의 심리에 사로잡힌 사람은 무엇보다 자신의 장점을 자랑스러워하지 않는다. 더욱 중요한 특징은 삶에 여유가 없다는 점이다. 성과에 연연하고 초조해하므로 마음의 안정을 찾아볼 수 없다.

폴란드의 철학자 타타르 키비츠Tatar Kiewicz는 "실제로 살아가는데 설령 행복이 가장 중요한 문제가 아닐지라도 '행복하게 만드는 소질'이 있는 사람들이 있고 그러한 '소질'이 무엇인지를 아는 것은 우리에게는 매우 중요하다"는 말로 행복을 일상의 습관처럼 익힐 수 있다고 지적했다.

이 책은 그 '중요한 문제'를 고찰한 내용이다. 자신의 약점을 숨기고 사람들 앞에서 이상적인 자신의 모습을 연기하려 애쓰는 사람은 어쩌면 '자신을 행복하게 만드는 소질'이 없는 것인지도 모르겠다.

"특별히 운이 좋지 않아도 행복한 사람이 있고 반대로 최적의 환경이 갖추어져 있음에도 불행한 사람이 있다."[1]라는 말은 이를 뒷받침하는 문구이다. 타타르 키비츠가 말한 자신을 행복하게 만드는 소질을 가지지 못한 사람이 어떻게 하면 행복해지기 쉬운 체질로 바뀔 수 있을지를 이 책을 통해 생각해보고자 한다.

많은 사람이 자신의 약점을 필사적으로 감추고 허세를 부리며 살지만, 힘들이지 않아도 무리하지 않아도 모두로부터 인정받고 사랑받을 수 있음을 깨닫게 되길 바란다.

차 례

2장 까치발로는 오래 서지 못한다

3장 나를 긍정하면 무게감은 따라온다

4장　진짜 용기는 나를 넘어서는 것이다

5장 매달린 손을 놓을 수 있는가?

6장 자라지 않는 아이는 악몽이 된다

1장

프로크루스테스의 침대에 눕지 말라

있는 그대로의 나로 사랑받기

'있는 그대로의 나'는
사랑받을 수 없는가?

뚱뚱한데도 건강한 사람이 있고, 말랐는데 힘이 넘치는 사람이 있다. 뚱뚱하지만 별 탈 없이 무병장수하는 사람도 있는 것이다. 이러한 신체의 항상성恒常性과 관련된 이론 중에 '세트 포인트set·point'라는 것이 있다. 미국 심리학자 리처드 니스벳Richard Nisbett에 따르면 사람들에게는 각자에게 맞는 적합한 체중이 있어서 다이어트를 무리하게 하며 자신의 세트 포인트보다 체중을 줄이면 오히려 건강에 좋지 않다고 한다. 세트 포인트보다 말라도, 뚱뚱해도 안 좋다는 것이다.

마찬가지로 인간의 내면에는 각자의 '자아'가 존재하며 '이상적 자아'라는 것도 존재한다. 즉 인간은 신체뿐 아니라 심리상태까지도 그 사람만이 갖는 고유한 '세트 포인트'가 존재하는 것이다.

이를테면 사람마다 키가 다르듯 기호와 재능 그리고 특징이 모두 다르다. 세상에 똑같이 생긴 얼굴과 지문이 없듯 성품이나 적성이 모두 다르다. 더욱이 사람은 성격과 환경에 따라 타인과 맺는 관계도 선호하는 방식과 형태가 다를 수 있는 것이다.

자신이 불편한 사람은
자신을 함부로 대한다

그런데도 자신의 세트 포인트를 무시한 채 '그래야만 하는 자신'과 '그래야만 하는 관계'에 집착하는 사람들이 있다. 그들은 내면의 '있는 그대로의 자신'을 긍정하지 않은 채 살아가는 사람들이라 말할 수 있는데 그들은 남들에게 보여주고 싶지 않은 자신의 본성이나 속성을 숨기고 억압하고 부정하는 것이다. 그들은 스스로 '이상적 자아상'을 만들고 그것에 자신을 끼워 맞추려 하므로 늘 자신과 불편한 관계에 있게 된다.

세상 누구도 완벽하지 않기 때문에 이 세계에는 '이상적인 세계'와 '그렇지 않은 현실'이 늘 공존한다. 그런데 오로지 '그래야만 하는 자신'에게 집착하게 되면 '그렇지 못한 자신'에 대한 부당한 적개심을 갖게 되고 기준에 미치지 못하는 현실의 자신은 회피하고 급기야는 비난하게 된다.

결국 '그래야만 하는 자신'의 모습에 억지로 현실의 자신을 맞추려는 무리한 시도를 하고 '그러지 못하는 자신'을 가치 없는 인간이라 헐뜯으며 '그래야만 하는 자신'에게 끊임없이 집착하게 되는 것이다. 이런 사람들은 마음에 늘 이상적인 세계를 그리고 있기에 초라한 오늘의 나는 아무 의미가 없어 자신을 함부로 대하며 방치하는 경우도 많다.

그러나 무엇보다 심각한 문제는 '그러지 못하는 자신'은 사랑받을 자격이 없다고 스스로 평가해 버리는 것이다. 그러나 사랑은 누군가에게 자격을 갖추어서 얻어내는 것이 아닌 자신을 스스로 인정하고 아껴주며 발산할 때 자연스럽게 다가오는 것이다. 자신을 긍정하는 사람은 자신에 대한 믿음이 있기 때문에 인정받으려는 욕망에 과도하게 휘둘리지 않으며 안정적으로 삶을 영위해 나간다.

또한 '있는 그대로의 자신'을 소중히 여길 때 비로소 있는 그대로의 타인도 인정할 수 있다. '있는 그대로의 나'와 관계를 맺을 수 있는 사람이야말로 '있는 그대로의 타인'과도 공감할 수 있게 되는 것이다. 타인과의 관계를 꺼리는 사람은 곧 '있는 그대로의 자신'과 끊임없이 갈등하는 사람일 가능성이 높다.

침대에 나를 맞출 것인가,
나와 맞는 침대를 찾을 것인가

그렇다면 '그래야만 하는 자신'은 어디에서 오는 것일까? 첫째는 부모의 부적절한 기대를 마음에 담아두는 것으로 시작되는 경우가 많다. 부모의 부적절한 기대란 그 사람에게는 도달하기 힘든 지극히 어려운 수준의 성취를 말하는데, 그렇게 불가능한 높이가 유일한 기준이 되어 버리면 그 목표에 시달리는 삶을 살게 된다.

둘째는 어린 시절 입은 '마음의 상처'를 치유하려고 안간힘을 쓰는 것으로부터 비롯된다. 자신을 존중하는 마음에 심한 상처를 입은 사람은 그것을 회복하기 위해서 무리하게 되는데 이러한 노력은 자신을 발전시키기 위한 것이라기보다는 열등감을 극복하려는 경우가 많다. 진정한 성장을 이루려면 '있는 그대로의 자신'과 건전한 관계를 만들고 그 자리에서 최선의 노력을 다하는 것이 필요하다. 하지만 어린 시절 자존감에 깊은 상처를 입었던 경험이 없는 사람은 '그래야만 하는 자신'을 상상할 수 없다. '있는 그대로의 자신'이 자신의 본모습과 크게 다르지 않기 때문이고 따라서 있는 그대로의 자신과 평화로운 사람의 입장에서는 '그래야만 하는 자신'을 향해 무리하게 도달하려는 마음을 쉽게 이해할 수 없다.

사실 '이상적 자아상'이라는 것은 곧 '프로크루스테스의 침대'Procrustean bed와 같은 역할을 한다. 프로크루스테스의 침대란 그리스 신화에 나오는 노상강도의 일화로 나그네를 공짜로 자기 집에서 재워주는 대신 나그네의 키가 침대보다 크면 침대 길이에 맞춰 잘라내고 침대보다 작으면 침대 길이에 맞춰 늘여서 죽였다는 잔인한 이야기이다.

지배적인 부모 밑에서 자란 아이들의 비극은 우선 '나는 어때야 한다'는 사고의 틀을 가지고 인생을 시작해버렸다는 것이다. 반면 '나는 어떤 사람인가?'라는 중요한 질문에는 진지한 주의를 기울일 기회조차 허락받지 못한 것이다.

그 결과 '현실의 자신'에 관심을 가질만한 여유가 없이 오로지 목표지향적인 삶만을 살아오게 되는 것이다. 침대 길이에 자신의 몸을 맞추기 위해 몸부림치는 나그네처럼 말이다. 이러한 상황이라면 '자신이 즐거움을 느끼는 것'에 관심을 기울일 여유와 정신이 없다.

그렇기에 애써 무리하는 사람들은 실체적 자신과 의미 깊은 관계를 맺지 못한다. 다시 말해 '실제의 자신'을 받아들이지 못한다. 그 결과, 자신은 물론 실제의 타인과도 평화로운 관계를 맺을 수 없다.

타인과 의미 있는 관계를 맺지 못하면 그는 뿌리 없이

서 있는 나무이자 끈 떨어진 연처럼 흔들릴 수밖에 없다. 원하지 않는 나로 살아가기 때문에 그 결과 맺게 되는 어떤 관계에도 연대감을 느끼지 못한다.

왜 그렇게도
실패가 두려운가?

자신과 진정으로 관계하지 않는 사람은 자신이 스스로 만든 이미지 속에서 편안함을 느끼기 때문에 현실을 파악하려는 노력을 기울일 이유가 없다. 따라서 한 번의 실패가 자신의 모든 것을 망쳐버릴 것이라 믿는다. 그는 자신의 실패를 과장하며 작은 실패에도 크게 좌절한다. 이는 실체적 현실과 접촉하지 않고 진정으로 타인과 관계하지 않아서 생기는 현상이다.

그러나 현실과 실제로 관계하고 있으면 실패는 단지 과정일 뿐이며 하나의 경험에 불과하다고 느낄 수 있다. 그런 사람은 사소한 실패 하나로 '내 인생은 결국 이렇게 끝났어!'라고 푸념하지 않는다.

가령 '실패하면 자신의 가치가 떨어진다'라고 생각하는 사람들은 자신의 근본적인 가치에 믿음을 두고 있는 사람보다 실패를 더 두려워하는 경향이 있다. 또한 '실패하면 타인에게 멸시를 당한다'라고 여기는 사람들 역시 그렇지 않은 사람보다 실패를 더 두려워한다.

부족한 자신이 여기서까지 '실패하면 완전히 끝이다!'라고 느끼는 것이다. 이러한 실패의 공포감은 모두 자신의 근본적인 가치에 대해 믿음이 부족하고 실체적 현실과 관계하지 않기 때문에 생기는 것이다.

타인이 나에 대해 어떻게 생각할지를 신경 쓰는 사람이 그렇지 않은 사람보다 실패를 더 두려워하는 것은 이상한 일이 아니다. 눈치를 보며 진정한 자기의 삶을 살고 있지 않기 때문에 매사가 두려운 것이다. 그러나 자신의 인생을 주도적으로 사는 사람에게 실패 따위는 안중에 없다. 또한, 타인에게 자신의 중요성을 인식시키려는 사람이 그렇지 않은 사람보다 실패를 더 두려워하며 스트레스도 훨씬 많이 받는다. 실패하면 이제 '더는 돌이킬 수 없다'라고 판단하고 자신의 결점을 비난하는 것에 그치지 않고 자신이라는 존재마저 비난해버린다.

그렇기에 자신과 관계하지 않으면 혼자 있어도 자유롭지 않고 편한 환경에서도 불편하다. 마찬가지로 타인과 관계할 수 없으면 타인과 있어도 즐겁지 않고 불안할 수밖에 없다. 이렇게 심리적으로 문제가 있는 사람에게 타인과의 원만한 관계를 기대하기란 어려운 일이다.

나는 무엇을 해도
안 되는 사람인가?

예컨대 다음과 같은 대화의 경우를 보자. "빌려줘"라고 말했는데 거절당하면 차마 '왜?'냐고 묻기가 어렵다. 이때 '거절당함'을 '미움받음'으로 연결하기 때문이다. 거절당한 것을 미움받았다고 해석해 버리는 것이다.

인간의 심리 중에 '수줍어하는 사람의 4가지 공포'라는 것이 있는데 그중 한 가지가 실패의 공포이다. 숫기 없는 사람들은 거절당하는 것을 곧 미움받는 것으로 받아들인다. 예를 들면 친구 집에 놀러 갔는데 친구가 "3시까지만 시간이 있는데"라고 말을 하지만 나는 4시까지 친구 집에 머물러야 다음 스케줄이 편한 경우가 있다. 그래서 "4시까지는 있으면 안 돼?"라고 친구에게 물어본다. 그런데 대답은 "그 시간까지는 어려워"이다. 문제는 이러한 대답이 돌아오면 대화가 그대로 끝나버린다는 것이다.

이런 경우 친구에게 더 이상의 요구를 하지 못하는 사람은 어린 시절 부모에게 억압을 당했을 가능성이 크다. 그래서 어른이 되어서도 자신을 표현하거나 타인에게 존중받는 방법을 알지 못한다. 이는 자신과 의미 있는 관계를 발전시키지 못했기 때문인 경우가 많다. 다른 사람과 자신의 마음이 원하는 바를 소통하거나 공감받지 못하는 것이다. 이는 매사에 실패하면 비난받을지도 모른다는 두려움을 가지고 있어서다. 현실과 관계하지 못하기 때문에 그의 생각은 비현실적인 상상에 기반하고 있다.

어린 시절 부모에게 착한 아이라는 칭찬을 받는 것은 세상 모든 사람에게 '착한 아이'라고 칭찬받는 것이나 다름없다. 마찬가지로 부모에게 '바보'라든가 '나쁜 아이'라는 핀잔을 들으면 세상 모든 사람이 나를 향해 핀잔을 주거나 나쁜 아이라는 말을 하는 것과 동일하게 받아들인다.

그렇기 때문에 어린 시절에 부모에게 억압을 당했던 아이는 어른이 되어 모든 사람에게 칭송을 받게 되어도 얼마든지 열등감에 빠질 수 있다. 잘못한 아이를 무조건 혼내는 부모는 욕구불만이 쌓여있는 불행한 부모라고 할 수 있는데 만일 아이가 옆집의 유리창을 실수로 깼을 때 "왜 유리를 깼어!"라고 윽박지르며 사과하라고 강요하는 것은 진정한 교육이 아니다.

이때는 "남의 집 유리창은 깨면 안 되는 것이야"라고 이해를 시켜주고 "옆집은 지금 유리창이 없으니까 바람이 들어와서 춥겠다. 그렇지 않겠니?"라고 아이의 눈높이에 맞춰 타이르면서 스스로 미안한 마음이 생기도록 가르치는 것이 바람직한 교육이다.

현실을 마주 보면
두려움은 사라진다

미국의 심리학자 데이비드 시버리David Seabury의 말에 따르면 "자신의 약점을 받아들이면 실패는 줄어들 것이다, 완전해지려고 애쓰면 오히려 실패하게 된다"[2]고 한다.

그렇다면 인간은 왜 그토록 실패를 두려워하는 것일까? 그것은 아마도 실패를 감수할 힘이 없다고 느끼기 때문이다. 반대로 실패를 성공의 근원으로 삼고 그것을 통해 무언가를 배우려는 사람은 실패를 두려워하지 않는다.

데이비드 시버리는 걱정거리에 대한 반응에 대해 크게 3가지로 분류했다. 첫 번째는 자신의 문제를 해결할 길이 없다고 느껴 격하게 반응하며 운명을 원망하는 타입이고, 두 번째는 단지 신에게 답을 구하고 기도하는 타입이며, 마지막은 지침을 구하고 기쁜 마음으로 노력하려는 타입이다.[3] 그중에서 마지막은 현실과 마주하는 타입으로 실패를 두려워하는 불필요한 감정을 갖지 않는다.

실패하면 이 세상이 끝난 것처럼 무너져버릴 것으로 생각하는 사람은 실패가 두려울 수밖에 없다. 자신의 불완전함이 만천하에 드러나 부끄러움을 당할 것으로 생각하는 것이다.

이런 사람들은 '상대가 나를 무시한다'라고 쉽게 생각해 버리기 때문에 상대의 진정한 의도를 알아채지 못한다. 오로지 자신이 상대에게 어떻게 보일지가 늘 신경 쓰여 상대의 입장과 관점으로 문제를 공감하지 못하게 된다. 이것은 사실 상대를 없는 사람 취급하는 것이다.

어쩌면 자신을 긍정하지 못하는 사람에게 타인은 정글에서 만난 낯선 짐승이나 마찬가지이다. 정체를 모르기 때문에 나에게 어떤 해를 가할지 모르는 위험한 대상인 것이다. 대인관계에서 겉도는 사람들은 사실은 타인에게 관심이 전혀 없는 것이며 관심이 없기에 그들에 대해 알 수도 없다. 알 수 없는 것은 공포의 대상이 된다.

　나무꾼은 나무와 대화를 나누고 요리사는 채소와 교감을 나눈다는 말이 있다. 이것은 그들이 자신의 주변 세계에 그만큼 관심이 있다는 것을 보여주는 것이다.

실패를 바라보는
성공적인 관점

　실패를 두려워하는 사람이 알지 못하는 것은 '실패해도 나는 사랑받을 가치가 있다'는 사실이다. 만일 상대방과 심리적인 공감대를 가지고 있으면 오해는 쉽게 생기지 않는다. 마음이 서로 막혀있기 때문에 이러저러한 편견이 생기는 것이다.

　'나는 반드시 성공할 것이다'라는 확신이 있다가 정작 실패하더라도 '나는 여전히 사랑받을 가치가 있다'라고 생각할 수 있어야 한다.

　실패를 통해 불행해지는 사람이 있는가 하면 오히려 마음이 단단해지고 지혜로워져서 결국 행복해지는 사람도 있다. 이 둘의 차이는 실패하는 과정이 다른 것이 아니라 실패를 '어떤 관점으로 바라보았는가'의 차이에서 온다. 이것에 따라 '실패를 해석하는 방식'이 달라지는 것이다. 작은 실패를 과장하고 엄살을 떠는 사람이 있는가 하면 툭툭 털고 일어나 씩씩하게 이겨내는 사람도 있다.

그러나 타인의 눈에 성공한 사람으로 비치는 것이 중요한 사람은 작은 실패를 과도하게 부끄러워하며 사람들의 평가에 크게 반응하고 연연해 한다. 이러한 사람은 작은 실패를 견뎌낼 힘이 부족할 수 있다.

생긴대로 사는
즐거움

실패를 두려워하는 사람들이 주로 착각하는 사실이 '실패하면 다른 사람들이 나를 무시할 것이다, 사람들은 나를 거절할 것이다'라고 생각하는 것이다. 이런 타입의 사람들은 현실의 타인들과 실제적 관계를 맺지 않는다. 그저 '저 사람은 이럴 것이다'라고 제멋대로 추리한다.

실패했다는 사실 하나로 타인이 나를 거절할 리가 없는데 일어나지도 않은 일을 항상 걱정하고 긴장하며 불안으로 자신을 괴롭힌다. 사업에 실패하거나, 청중 앞에서

영어를 하다가 실수를 해도 사람들은 그것을 이유로 소외시키거나 무시하지는 않는다.

그런데도 '실패하면 반드시 사람들에게 버려질 거야'라는 전제를 가지고 살아가는 사람들이 있다. 그들은 자신으로부터도 소외되어 있어서 누군가가 자신을 인정하고 받아준다는 것을 쉽게 인정하지 못한다. 그러므로 서툴고 자연스럽지 못해 부족한 사람으로 드러나면, 즉 실패하면 결국 사람들은 자신에게 등을 돌리리라 생각한다. 심지어는 실제로 그렇게 믿고 상대에게서 먼저 멀어지는 사람도 있다.

그런 사람들은 사실 매우 자기중심적이다. 실패와 상관없이 여전히 상대는 관계를 계속 유지하고 싶어 하는데도 혼자 멀어져가기 때문이다. 자기의 판단과 생각에 함몰되어 주변 사람들의 의도와 배려를 배척하는 사람은 현실 속에 살아간다고 말하기 어렵다. 그들은 실제적인 관계를 맺고자 하는 사람들로부터 스스로 멀어져 더욱 고립을 자초한다.

거북이란 동물은 느리다. 무거운 등딱지를 이고 다니기 때문이다. 하지만 그 무거운 등딱지는 주변의 위험으로부터 거북이의 안식처가 되어준다. 만약 당신이 거북이라면 자신을 지키는 쪽을 선택할 것인가, 아니면 빠른 쪽을 선택할 것인가?

아마도 타인을 우선으로 생각하고 불안에서 벗어나려하는 사람은 무거운 등딱지를 벗어버리는 쪽을 선택하지 않을까 싶다. 하지만 생긴 대로 사는 즐거움을 포기하다보면 몸과 마음이 쉴 곳을 잃게 되는 경우도 있다.

행복한 일상은 블록버스터가 아니다

기본적으로 불안감을 느끼게 되는 가장 큰 이유는 '있는 그대로의 나'로는 사랑받지 못할 것이라는 생각에서 비롯된다. 오히려 있는 그대로의 모습이어야 사랑받는데 완벽한 슈퍼히어로가 되어야 사랑받을 수 있다는 오해로부터 서글픈 인생이 시작된다. 무리하지 않아도 손에 얻을 수 있는 즐거운 일상이 있는데 헛된 이상에 집착하는 바람에 그저 무의미한 시간을 소비해버리는 것이다.

불안한 마음을 가진 사람은 역사에 훌륭한 업적을 남긴 인물이 되어야만 모두에게 인정받고 사랑받을 것으로 생각한다. 그러므로 그렇게 되기 위해서 매일 무리한다. 하지만 그 결과로 남은 것은 방전돼버린 심신의 무기력함이다. 역경을 이겨낼 유일한 희망인 의욕마저 잃게 되는 것이다. 기본적으로 느끼는 불안감 때문에 훌륭한 사람이 되려고 노력한 것인데 결국 얻게 된 것이라고는 심각한 자기멸시뿐인 것이다.

똑같은 사람이 없다는 것을 아는 것이 관계의 시작이다

타인과 원만히 교류하려면 먼저 자신을 있는 그대로 인정해야 하며 상대 역시 있는 그대로를 봐줄 수 있어야 한다. 그리고 상대와 나와의 거리가 어느 정도인지 파악해야 한다. 그런데 무작정 자신이 '무시당하지 않을까?' 신경을 쓰는 사람이 있다. 이 사람들은 관계를 할 때 전혀 상대를 보려 하지 않거나 상대를 알려고 하지 않을 가능성이 크다.

이들은 상대를 보고 '이 사람은 과연 어떤 사람일까?'라고 궁금해하지 않는다. 상대가 착한 사람인지, 교활한 사람인지 전혀 상관하지 않는다. 상대에 대한 관심이 전혀 없기 때문이다. 어떤 사람이 말만 그럴듯하게 늘어놓아도 '이 사람은 입만 살았지 실제로는 무능력하고 불성실한 사람일지도 몰라'라고 생각하지 않는다. 오직 '이 사람은 나를 어떻게 볼까?'에만 관심이 있다.

주변을 보면 매사를 진지하게 생각하려고 노력하는 사람이 있는가 하면 매사를 대수롭지 않게 여기고 가볍게 살아가는 사람도 있다. 매사에 불평하는 사람이 있는가 하면 모든 것에 감사하며 살아가는 사람도 있다. 하지만 주변에 관심이 없는 사람은 상대가 누구인지에는 관심은 없고 그저 상대에게 잘 보이고 오로지 인정받으려고만 안간힘을 쓴다. 이런 태도는 자기집착이라 말할 수 있으며 자기 이외의 나머지 현실에는 전혀 관여하지 않는 상태라 말할 수 있다.

하버드 심리학과 교수인 엘렌 랭어Ellen Langer에 따르면 사람이 각자 다르다는 것을 식별하는 것이 중요하다. 그는 이것을 '마음 챙김'이라 정의하는데 이것이 현실과 관계하는 방법이라 설명한다.[4] 현실과 관계하면 사람의 다름을 파악할 수 있으며, 상대는 제각각 다른 사람이라는 것을 인식할 수 있다. 하지만 '깊은 생각 없이 형성된 사람들의 선입관은 편협한 자아상을 강화하고 자신의 잠재력을 위축시키는 막강한 힘을 발휘한다'고 그는 말한다.

또한 엘렌 랭어는 '마인드풀mindful한 태도, 즉 가슴이 벅차도록 온 마음을 쓰는 행위는 인생의 갈등을 눈에 띄게 줄일 수 있다'라고 설명한다. 온 마음을 쏟아 집중하고 생각하여 판단하는 삶의 태도가 매우 중요하다는 것이다. 진정으로 사람들의 다름을 보려 하지 않고 차이를 인정하지 않으며 무조건 상대에게 맞추려고만 하는 태도는 절대로 상대와 의미깊은 관계를 맺도록 돕지 않는다. 그러한 관계는 우리의 삶에 긍정적 영향력을 행사하거나 실제적인 도움을 베풀지 않는다는 것이다.

모두에게 사랑받는 것은
아무에게 사랑받는 것이 아니다

우리가 전쟁터에 있다면 가장 중요한 것은 아군과 적군을 구별하는 일이다. 실제로 적군과 아군을 오인해서 벌어지는 피해사례는 셀 수 없이 많다. 이것은 대인관계에서도 마찬가지이다. 상대가 나를 존중하는지, 적의를 가졌는지 분별하기도 전에 오로지 상대의 호감을 얻기 위해 노력하는 것은 매우 위험한 일이다.

세상에는 무슨 말을 해도 삐딱하게 받아들이는 사람이 있다. 그런가 하면 있는 그대로 순수하게 받아들이는 사람도 있다. 상대에 따라 받아들이는 모양과 형식이 다른 것이다. 어쩌면 그래서, 사람들 사이의 오해란 피할 수 없는 일인지도 모르겠다. 무슨 말을 하고 어떤 증거를 들이대도 믿지 못하고 계속 꼬투리를 잡는 사람이 있는가 하면, 아주 작은 실마리에도 그 사람 전체를 알아보고 인정해주는 사람도 있다. 이처럼 인식체계가 제각각인 사람들에게 항상 일관된 태도로 관계하는 것은 과연 합리적일까?

그 밖에도 원리원칙대로 소신을 지켜나가는 사람이 있

는가 하면 이리저리 타협하면서도 잘 살아가는 사람이 있다. 늘 원칙 없이 주변 사람에게 휘둘리며 살아가는 사람도 있고, 동정심이 풍부해 보자마자 손을 내미는 사람이 있는가 하면 매사에 인색하고 고집불통인 사람도 많다.

그러므로 인간관계의 첫걸음은 상대를 올바로 바라보는 것이다. 즉, 상대를 정확히 파악하는 것이 필요하다. 이 세상에는 악의를 품고 조용히 다가오는 사람, 뒤통수를 치기 위해 친밀함을 가장하는 사람들도 많다. 물론 성숙한 인품으로 늘 인간미를 풍기고, 약자 편에 서서 정의를 위해 싸우는 위대한 인물들도 있다. 그런가 하면 가벼운 지식에 취해 제멋에 사는 이기주의자들도 있다.

이렇듯 세상은 이러저러한 사람들이 혼재하며 여러 면을 가지고 있는 사람들로 넘쳐난다. 크게 분류하자면 믿음을 주고 존중할 만한 사람과 합리적 의심으로 늘 경계가 필요한 사람도 있는 것이다. 이처럼 사람이 모두 제각각 다르다는 것을 깨닫지 못하면 결국은 실망과 상처로 우리 마음은 점점 좁아져서 완전히 닫혀버릴 수도 있다.

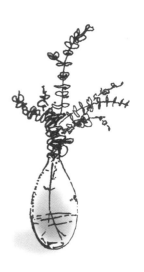

사랑받고 존중받는
관계의 인문학

타인과 원활한 의사소통을 위해서 중요한 것 중 하나는 관계의 정확한 거리를 파악하는 것이다. 반말은 친한 사이에서야 괜찮지만, 아직 거리가 있는 사이에는 긴장과 오해를 불러올 수 있는 것과 같다.

올바른 의사소통의 시작은 상대를 먼저 바라보고, 그다음에 관계를 설정하는 것이다. 무슨 말로 대화를 이어가는지가 중요한 것은 아니다. 상대와의 거리에 어울리는 적절한 말을 통해서 대화를 이어가지 못하는 것이 인간관계의 걸림돌이다.

흔히 인간관계에서 '해서는 안 되는 말이 있다'고 하는데 나는 그런 말은 존재하지 않는다고 생각한다. 똑같은 말이라도 상황과 때에 따라 그것이 합당한지, 아닌지가 결정되기 때문이다.

어떤 말이 대화에 적절한지는 그들이 어떤 종류의 관계인지에 달려있다. 이 말은 상대와의 적절한 거리를 가늠하지 못하는 사람에게는 원활한 의사소통이라는 벽을 넘기 어렵다는 것이다.

그러므로 인간관계에서 중요한 것은 먼저 자신의 위치를 제대로 파악해야 한다. 이것을 알아야 상대와의 거리나 위치 관계에 어울리는 관점과 태도를 가질 수 있다. 그렇게 돼야 부딪힘이나 긁히는 일 없이 사회관계를 유지할 수 있게 된다. 이처럼 상대에 따라 그 거리에 맞는 매너가 필요하다. 그래야 선을 지키거나 속도를 조절하여 충돌을 막을 수 있다. 물론 아주 가까운 사람끼리도 적절한 매너는 필요하다.

예컨대 선배에게 대할 때 어울리는 태도가 있고, 동료에게 취할만한 태도가 있는 것이다. 이를 구분하지 못하면 선의를 가지고 다가갈지라도 상대는 불편한 마음을 가질 수 있다. 즉 아무리 진심 어린 선의를 베풀어도 상대는 예의를 모르는 사람이라고 오해할 수 있는 것이다.

인간관계에 거리 감각이 없다는 것 자체가 '예의 없는 사람'일지도 모른다. '친밀함이 주는 행복'이란 어디까지나 인간관계의 적절한 거리감이 존재할 때에나 해당하는 말이다. 자신과 상대의 입장을 구별하지 못하면 호의를 베풀어도 무례한 사람이 되고 상대를 위해서 한 일인데도 오지랖이 넓다고 오해를 받을 수 있다. 오히려 그러한 호의는 민폐가 되는 셈이다.

'친한 사람'과 '무례한 사람'은 엄연히 다른 차원의 문제이다. 친하면서 무례할 수 있는가? 그렇다. 이 둘을 구별하는 것에는 예리한 분별력이 필요하다. 사람이 심리적으로 성장하여 비로소 대상과의 적절한 거리 감각이 생겼을 때 이것의 차이를 뚜렷하게 구별할 줄 알게 되는 것이다.

거리감이 없는 것은
덩어리로 보기 때문이다

　인간관계에 적당한 거리감이 없는 사람은 누구와도 자연스러운 관계를 맺지 못한다. 자신과 평화롭지 못한 사람이 현실의 실체적 관계에 진정한 관심을 가질 여유가 없기 때문이다. 하지만 나에게 소중한 단짝 친구가 한 명이라도 있는 사람은 상대가 느끼는 나의 가치를 이해하고 받아들일 수 있는 사람이다. 설령 상대가 내가 생각하는 것만큼 나를 친밀하게 생각하지 않더라도 말이다.

　독선적인 사람에게 타인은 제각각 개성을 가진 한 명의 인격체가 아니라 모두 같은 덩어리의 인간일 뿐이다. 저 사람은 예의가 바른 사람, 이 사람은 나와 취향이 안 맞는 사람, 또는 나와 삶의 가치관은 다르지만 어쩐지 동질감이 드는 사람 등등. 이렇게 사람의 다름을 구별하고 파악하고 분류하는 기능이 독선적으로 자기만의 세계에서 사는 사람에게는 작동하지 않는 것이다.

　독선적인 사람은 "저 사람은 정말 이기심이 장난이 아니네, 그런데 이 사람은 정말 착하고 사려가 깊네" 같은 감정을 느끼지 못한다. 그저 단순히 '저 사람은 나를 어떻게 평가할까?'에 대해서만 관심을 가지며 타인이란 단지 내가 좋은 인상을 남겨주어야 할 대상일 뿐이다. 나의 입장에서 인간관계의 친밀도가 차이가 날 수 있음을 인정한다면 상대의 입장에서도 차이를 가질 수 있음을 인정해야 한다. 이처럼 그 상대의 인간관계 속에서 내가 어떤 위치에 있는지를 알게 되는 것이 중요하다.

동물을 좋아하는 사람은 개와 함께 있는 편이 모르는 사람과 어색하게 함께 하는 것보다 훨씬 충만한 시간을 보낸다고 느낄지 모른다. 내가 동물을 좋아하면 그런 사람의 마음을 충분히 이해할 수 있고 상대가 개와 함께 보내는 시간을 존중해줄 수 있다.

하지만 독선적으로 자신의 세계에만 사는 사람은 상대가 자신에게 어떤 존중심을 요구하는지 이해하지 못한다. 심하게는 현실을 아예 외면하고 사는 사람들처럼 보인다. 그런 사람들에게는 인간관계 간의 거리감이 전혀 없다. 세상 사람들은 천차만별인데 그들 눈에는 모두 하나의 덩어리로 보이는 것이다.

초점 잃은 눈이
제대로 보는 것

자신을 긍정하지 않는 사람도 인간관계의 거리감을 가늠하지 못한다. 이를테면 그들은 누구라도 거절할 만한 황당한 부탁을 한다. 그러면서 '나만' 또는 '내가' 또 거절당했다고 생각한다.

결코 '나라서' 거절당한 것이 아니고 누구라도 거절당할 내용이었는데도 말이다. 누구라도 미움받을 수 있는 상황인데 '나만' 외면당하고 있다고 실망한다. 나아가 바라지 않던 일이 일어나면 그것을 '자신의 약점'과 연관을 지어 해석한다. 거절당한 것은 '나'인 것이 아니라 그 '행위'이거나, 그 '말'인데도 말이다.

예를 들면 친하지 않은 사람에게 푸념을 털어놓거나 가깝지 않은 사람에게 불만을 늘어놓는다. 이렇듯 자신을 긍정하지 않는 사람은 가깝지 않은 사람에게 자신 내면의 깊고 심각한 문제를 쏟아놓는다. 심하게는 처음 만난 사람에게조차 자신의 은밀한 문제를 발설하기도 한다. '내가 도대체 이런 일도 겪는다니까요!'라고 말이다. 가까운 사이가 아닌 사람에게 뜬금없이 "제가 우울해 보이죠?"라고 말하는 격이다.

피하고 싶은 상황을 스스로 만들어 놓고 오히려 '저 사람이 나를 피한다'고 해석하는 사람들도 많다. 확신이 없는 사람은 타인에게 스스럼없이 부탁하지 못한다. 이때 그런 사람에게 "더 편하게 부탁해도 괜찮아"라고 말을 한다면 그들은 아마도 함부로 부탁하기 시작할 것이다. '편하게'와 '마구'를 구별하지 못하기 때문이다.

그런 사람들은 허투루 한 일도, 실례함도, 무례함과 무감각도 모두 구별하지 못하고 '편한 것'으로 뭉뚱그리는 것이다. 그다지 가깝지 않은 사람에게 "저기, 이것 좀 해주지"라고 사리에 맞지 않는 부탁을 마음 편하게 부탁하는 것이라고 여기는 것이다.

타인에게 무언가를 부탁한다는 행위가 '관계 속'에서 친밀감의 정도에 따라 형성되어 간다는 점을 파악하지 못하기 때문에 이런 일이 발생한다. 아무리 친한 사람에게 하는 부탁이라도 신세를 지는 것 자체가 감사하고 미안한 마음이 있어야 하는 게 상식인데도 말이다.

그런데 어째서 '편하게'와 '함부로'를 구별하지 못하

고 '실례함'과 '무례함'을 파악하지 못하게 되어버린 것일까? 그것은 상대를 바라보지 않기 때문이다. 온통 자신에게만 눈길이 끌려서 이렇게 부탁하면 상대가 어떤 처지에 놓일지 나아가 가늠하지 못하는 것이다.

또 '만일 내가 잘 모르는 사람에게 이런 부탁을 받으면 나는 기분이 어떨까?'라고 처지를 바꾸어 생각해 보지도 못한다. 그러므로 상대를 바라보지 않는다는 것은 '자기 집착'이 강하다는 것을 말해준다.

왜 우리의 대화는
항상 겉도는가?

원만한 대화에서 중요한 것은 우선 '상대는 어떤 사람인가?'와 '상대가 나를 어떻게 보는가?'이다. 물론 이 두 가지는 깊은 관련이 있지만, 효율적인 의사소통에서는 후자인 '상대가 나를 어떻게 보는가'가 더 중요하다.

상대는 나를 존중하는가? 바보로 보고 있는가! 나는 그에게 두려운 존재인가? 만만한 대상인가! 그는 나를 이용하려 하는가? 순수하게 위하는가! 그에게 나는 스쳐 지나가는 사람인가? 오래 두고 가까이 사귈 사람인가! 그 밖에도 가당찮은 아부로 나를 조종하려 하는가, 마음속에서 우러나와 호평하는가 등등.

그런데 의사소통에 필요한 이러한 다양한 의문을 전혀 의식하지 않는 사람이 있다. 예를 들면 자기집착이 심하거나, 자기방어가 강하거나. 애정 결핍이 심하거나, 자존감이 낮거나. 유아적인 기대감을 버리지 못했거나, 열등감이 심하거나. 숫기가 없어 대인 기피증이 심하거나, 이 모든 것을 다 갖고 있거나!

이것들은 모두 현실을 직시하지 못하고 독선적으로 자신만의 세계에 머물러 사는 사람들의 특징이다. 앞서 말했듯이 이들은 기본적으로 상대를 바라보지 않는다. 그리고 상대가 자신을 칭찬해 주면 그 사람은 무조건 신뢰할만한 사람이라고 평가해버린다. 바꿔 말하면 타인을 대할 때 '나를 칭찬하는지 또는 나를 비난하는지'를 유일한 기준으로 삼아 가치를 정한다.

그들은 자신의 마음이 왜 그렇게 작동하는지도 이해하지 못한다. 그들은 자신을 돌아볼 여유가 없다. 스스로가 소란스럽고 다급하기 때문에 상대를 바라보지 않는다기보다는 바라보지 못한다. 그들에게 상대를 배려하는 것을 기대하는 것은 지나친 바람이다.

그렇기 때문에 데이비드 시버리는 상대에게 "진정한 관심을 가지라"고 조언하였다. 하지만 이들에게는 그 관심이라는 게 항상 자신을 향해 쏠려있다는 데 문제가 있다. 상대에게 관심이 향하지 않으므로 커뮤니케이션이 이루어지지 않는 것이다.

그들은 필사적으로 자신이 '유능한 사람'이라든가 '귀여운 사람'이라는 것을 알리는 데 몰두한다. 이런 사람은 자신을 상품화하여 포장하고 설득하여 팔려고만 하지 상대에 대해서는 전혀 알려고 하지 않는 것이다.

물건을 파는 데만 관심이 있고, 사는 데는 관심이 없는 사람처럼 그들의 특징은 누군가를 포용하거나 받아들이거나 사랑할 능력이 없다고 말할 수 있다. 모든 관심이 자신에게만 향해 있기 때문에 그들은 동등한 소통을 통해 사람들과 의미를 나누지 못하며 오로지 관심받기 위해 과장된 몸부림을 친다.

넋 놓고 앉아 있는데
가방을 던지지 말라

상대를 바라보지 않는 사람은 인간관계에서 위치와 거리감을 파악하는 능력이 없다고 하였다. 그들은 가까운 사람에게조차 '있는 그대로의 자신'의 모습을 보여주기보다 무리해서라도 '완벽한 모습'을 보이려 노력한다. 그리하여 누구와 함께 있어도 마음이 편하지 않은 것이다. 누구와 함께 있어도 연기를 쉬지 못하고 긴장감으로 에너지를 소비하기 때문에 그들에게 인간관계란 정말 피곤한 일이다.

그들은 주변의 세계에 신뢰감이 없기 때문에 늘 신경을 곤두세우며, '설령 약점이 있더라도 나를 포용하고 받아들여질 것이다'라는 안도감이 없다. 하지만 이러한 신뢰와 안도감이 있어야 비로소 마음이 열리고 편해지며 여유 있는 대화가 가능해진다. 이러한 확신이 있어야 친밀한 관계도 발전시킬 수 있는 것이다.

사실 가까운 사이에서는 얼마든지 약점을 드러내도 대부분 이해받을 수 있다. 이것이 진정한 친근함이다. 그런데 가깝지 않은 사람에게까지 무조건 약점을 들춰내어 보여주려는 것은 오히려 그들에게 불필요한 짐을 마구 나누어지게 하는 것이다. 그것은 어쩌면 무례한 일이다.

그런데도 인간관계의 거리감을 파악하지 못하는 사람은 오히려 가깝지 않은 사람이라도 불평을 늘어놓는데 거리낌이 없다. 친한 사이에서나 가능한 행동을 하는 것이다. 하지만 이런 사람들과 이야기를 나누어보면 무엇이 문제의 원인인지 모르는 경우가 많다.

길이 꼬였다면
원점으로 돌아가라

각각의 인간관계마다 적절한 거리감이 있다는 것을 파악하지 못하는 것이 자기를 긍정하지 못하는 사람들의 근본적인 문제인 경우가 많은데 그것을 알지 못하기에 자신이 무엇을 상담해야 하는지도 모르고 있다. 그렇기에 만난 적도 없는 사람에게 주저리주저리 푸념을 늘어놓는 것이다.

사실 푸념 자체가 나쁜 것은 아니다. 다만 이런 푸념은 신뢰할 수 있는 가까운 사람에게 하는 것이지, 낯선 사람에게 해야 할 행동은 아니다. 또 자신을 긍정하지 못하는 사람은 기준을 만드는 것에 실패한다. 나는 어떠한 사람이고, 상대는 어떤 종류의 인간인지 그리고 나와는 어떤 형태의 관계를 원하는지에 대해 제대로 파악하지 못한다. 요컨대 무엇에 대해서도 좌표가 불확실하다.

그러한 이들의 고민을 해결하기 위해서는 생각의 원점을 '인간관계의 공간'으로 돌려놓아야 한다. 자신은 여태 나태한 인생을 살아왔음에도 "아, 내가 이런 것도 못 하다니!"라고 푸념한다. 성실하게 살아오지 않았다면 무능력할 수밖에 없으며 당연히 능력 있는 동료들도 사귈 수 없었을 것이다. 이처럼 자신을 긍정하지 못하는 사람은 자신의 과거도 인정하지 않고 살아간다.

자신의 문제를 근본적으로 해결하려는 의지가 있는 사람은 일단 원점으로 돌아가 문제의 원인을 찾아내려고 애쓰게 되어 있다. 이들은 진정으로 문제를 해결할 의지가 있다 하겠다. 자신의 과거를 되돌아보는 것은 자신이 해왔던 행동을 분석함과 동시에 자신을 둘러싼 사람들의 방향성을 다시 한번 고려해 보는 것이기도 하다.

자신을 긍정하지 못해 친하지도 않은 사람에게 푸념을 늘어놓는 사람은 사랑받지 못한 사람들, 어린 시절부터 있는 그대로의 자신이 받아들여지지 못했던 사람들, 아무리 열심히 일해도 그 노력을 인정받지 못했던 사람들 또는 사랑받지 못하면서도 오히려 이러저러한 기대를 요구받았던 사람들이지 않을까 싶다.

그리고 아무리 상처받아도 자신은 누구에게도 위로받지 못하면서 반대로 주위 사람을 위로하고 살아갈 수밖에 없었던 사람들인지도 모르겠다!

2장

까치발로는
오래 서지
못한다

우리를 소모시키는
삐뚤어진 우월감

당신이 지친 데는
이유가 있다

사회 불안장애가 있는 사람들은 '사람들에게 내 정체가 탄로 나는 것은 아닐까?' 하며 염려하고 '내 결점이 드러나지는 않을까?'라고 끊임없이 걱정한다. 그래서 그들에게 사람을 대하는 일이란 언제나 부담스러운 일이 된다. 낯선 사람들에게 자신이 어떤 모습으로 비추어질지가 염려되고 평가절하되는 것이 두렵고 외면당하는 것이 무섭고 거절당하는 것은 상상만 해도 소름이 돋는 것이다.

자기가 움직이는 매번의 작은 행동조차 점수로 평가

받듯 느끼면 무대에 선 배우가 긴장하는 것처럼 식은땀이 흐르고 실수하지 않을까 조바심이 드는 것이다. 진실하지 않기에 당당하지 않고 항상 무언가를 감춰야 했기에 탄로 나지 않을까 늘 가슴을 졸여야 한다.

더욱이 그렇게 '당황한 나'를 들키지 않으려는 '극도의 긴장'을 되풀이하게 되고 인간관계에 감정을 과도하게 소모하는 상태가 지속하는 것이다.

아마도 어린 시절부터 '부족한 인간'으로 비난받고 바보 취급당하며 자라 그러한 '모자람'을 사람들에게 보이지 않으려 딴사람처럼 행동하면서 자신을 감추다 보니 늘 겉돌게 되었을 것이다. 그러한 '불안한 심리'는 사람을 위축시키고 오로지 자신을 살피는 데 온 정신을 쏟게 만들기 때문에 상대에게 진정한 관심을 두기가 거의 불가능하다. 상대가 어떤 특성이 있는지 눈을 들어 살펴볼 심리적인 여유가 없는 것이다.

이들은 상대의 가치관이나 사회적 지위, 성격, 연령대가 갖는 의미를 깊이 있게 분별하지 못한다. 단지 극도의 긴장 상태로 상대에게 자신의 약점을 감추기에만 급급하고 이러한 상태가 오랫동안 반복되면 결국은 자신의 감성 시스템을 소진 상태로 만든다. 이러한 상태를 미국의 정신분석학자 하버트 프로이덴버거Herbert Freudenberger는 '소진 증후군', 영어로는 '번아웃 신드롬Burnout Syndromes'이라 정의하였다. 마음이 방전되거나 탈진된 상태로 극도의 긴장이 쌓여 기력을 소모한 탓에 움직일 힘도, 의욕도 잃은 무기력한 상태에 이르게 되는 것을 말한다.

이렇게까지 지친 이유는 끊임없이 자신이 근사한 사람이라는 사실을 주변에 알리는 데 최선을 다했기 때문이다. 이것은 학벌이나 출세 따위에 전혀 관심이 없는 노숙자에게 "나는 원래 유명한 대기업에서 엘리트 코스를 밟고 있을 사람이야"라며 자신의 위대함을 설파하는 것과 마찬가지이다.

이렇게 자신을 긍정하지 않는 사람들은 주변 사람에게 '나는 모자란 인간이 아니다'라는 명제를 증명하기 위해 지치는 인생을 살아가게 되는 것이다. 이들에게 노력이란 단지 자신을 '포장'하기 위한 몸부림에 불과한데도 말이다. '명석한 두뇌'나 '이상적인 용모'를 갖추지 않으면 자신은 누구에게도 인정받지 못할 것으로 생각하기 때문에 그들은 현실과 괴리된 자신만의 상상의 세계에서 자신을 보호하며 살아가게 된다. 현실 속에 발을 붙이지 못하기 때문에 평범한 공동체 사회 속에서도 어울려 살아가는 데 어려움을 겪게 된다.

자랑하면 할수록
초라해지는 건

자신을 긍정하지 않는 사람은 의사 표현이 자유로운 사람의 관점에서 보면 그가 감추려던 본모습이 타인에게 얼마나 쉽게 눈에 띄는지 모르는 것 같다.

이러한 사람들의 특징으로는 자신이 타인 앞에서 '완벽한 자신'을 확실하게 연기한다고 믿는다는 것이다. 하지만 자신은 절대 인정하지 않는 약점을 다른 사람들은 너무나도 쉽게 알아차린다. 기를 쓰고 노력하여 '완벽한 자신'을 연기하려고 해도 타인의 눈에는 그의 어설픈 연기가 웃음 짓게 만드는 것이다.

이러한 사실을 안다면 타인 앞에서 완벽한 자신을 연기하려 하지 않을 텐데도 여전히 무의미한 노력에 자신을 소진하고 있는 것이다. 그의 삶이 힘들고 지치는 것은 이러한 의미 없는 노력을 계속하는 데 있다.

그리고 그 노력은 오히려 주변의 많은 사람에게도 부담을 준다. 그러므로 자신을 꾸미는 데 열정을 소진한 사람이라면 먼저 자신이 사람들에게 숨겨왔던 부분이 많음을 인정해야 한다.

이처럼 사람들에게 숨기지 못하고 들킨 부분이란, '제어되지 않고 절제하지 못하는 마음'이거나 심각한 '열등감' 또는 '애정 결핍'인 경우가 많다.

맞지 않았는데
벌써 아프기 시작했다

대인공포증을 느낄 정도로 타인에게 자신의 본모습을 들키지 않을까 두려워하는 사람은 자기의 체면에만 신경을 쓰게 된다. 수줍어한다는 것도 대인공포증과 비슷해 사람들 앞에서 '완벽한 자신'을 연기하려는 면에서 별반 다르지 않다. 사실 여부를 떠나 혹시 소외당하거나 미움받을지도 모른다고 생각하는 것이다.

이러한 오해는 상대를 바라보지 않기 때문에 생긴다. 또 상대와 진정으로 관계하지 않기 때문에 생기는 오해인 경우가 많다. 그들은 '나는 주위 사람들에게 적의가 없다'고 생각하지만 반대로 '주위 사람들은 나에게 적의가 있다'고 생각한다. 하지만 실제로는 자기가 주변 사람에게 적대감을 품고 있고 오히려 주변 사람은 그렇지 않은 경우가 많다. 실제의 현실을 파악하는 데 완벽히 실패한 것이다.

나는 이것을 '피책망상被策妄想'이라 부르고 싶다. 앞서 언급한 대로 책임을 지우지 않는데도 책임져야 한다고 느끼는 심리를 말하는데 이것은 실제로 책임을 져야 할 때 오히려 그 사실을 느끼지 못하는 불상사가 벌어질 수 있다. 이것은 어떤 사람이 타인과의 커뮤니케이션 자체가 불가능하고 현실을 파악하고 관계의 종류를 분별하지 못하기 때문이다.

행복한 튤립은
나비를 꿈꾼다

자신이 소박한 들풀이면서 화사한 튤립인 척했더니 진딧물이 아닌 나비가 찾아왔다. 그래서 나비 앞에서 '완벽한 튤립'을 연기하기 시작하는 것이 바로 대인공포증이 있는 사람이 취하는 행동이다. 실제의 튤립은 '완벽한 튤립'을 연기하지 않는다. 자신은 본래 튤립이기에 완벽한 튤립이 되려고 스스로 원할 필요가 없다. 그런데 똑똑한 나비는 들풀에게 가지 않고 좋은 향기가 나는 튤립을 찾아간다. 마찬가지로 똑똑한 진딧물이 들풀을 알아보고 간다. 나비가 들풀에게 간들 들풀은 결국 시들 뿐이다.

'실제의 자신'을 표현하고 살아가면 진짜가 찾아온다. 또한 자신에게 찾아온 사람이 곧 자신을 행복하게 해주는 사람이라는 것을 알아차린다. 자신이 들풀이라면 진딧물이 찾아와야 행복해진다. 반대로 자신이 튤립이라면 나비가 찾아와야 행복해지는 것이다.

불행해지는 사람은 자신이 누구와 사귀어야 행복해질지를 알지 못한다. 그래서 대상을 잘못 고르는 것이다. 이것은 대인공포증인 사람은 물론 타인과 관계하지 못하는 사람 모두에게 해당한다. 무리하며 자신을 포장하는 사람의 주변에는 질이 나쁜 사람들만 모인다. 수초는 잠자리가 찾아와서 자신이 수초라는 것을 깨닫고, 들풀은 진딧물이 찾아와서 들풀이라는 것을 알아차린다. 또 튤립은 나비가 찾아와주니 튤립이라는 것을 아는 것이다.

토마토는 빨갛다. 감도 빨갛다. 토마토는 토마토로서 살아가면 전혀 문제 될 것이 없다. 그러나 빨갛다는 이유만으로 토마토가 감처럼 살아간다면 문제가 생기기 시작하는 것이다. 토마토가 감으로 살아가게 되면 '언젠가 들키지 않을까?'라고 마음 졸이게 된다.

인간의 심리 문제도 이와 같다. 어디에서 누군가로부터 토마토는 감보다 가치가 없다는 사실을 입수하게 된다. 어린 시절에 토마토로 살아가는 것은 가치 없는 것이라고 배웠는지도 모른다. 그러나 자아의 확립이란 '나는 토마토다. 얼마든지 감처럼 충분한 가치가 있다'라고 스스로 깨닫는 것이다. 이처럼 자아를 확립하면 타인과의 커뮤니케이션도 자연스럽게 원만해진다.

나와 친해지지 않으면
모든 것과 친해질 수 없다

대인공포증 중에 '적면공포증赤面恐怖症'
이라는 것이 있다. 대부분 사람은 자연스러운 홍조를 크
게 신경 쓰지 않지만, 대인공포증이 있는 사람은 붉어지
는 자기 얼굴에 대한 사람들의 반응에 예민해진다. 자신
이 가지고 있는 신체적 약점을 심하게는 굴욕적으로 받
아들인다.

나도 지금까지 그것이 자연스러운 것으로 생각해왔다.
하지만 지금에 와 생각해보니 그것은 신체적 증상이 아닌
'이런 내가 싫다, 있는 그대로의 내가 부끄럽다'는 생각이

더 컸다는 것을 깨닫게 되었다. 그런 식으로 자신에 대해 평가하고 있으면 얼굴이 붉어지는 것과 같은 신체적인 증상을 자신이 부끄러운 일을 한 것처럼 해석하는 것은 어쩌면 당연한 일인지도 모른다.

학벌 뒤에 숨고
보석으로 포장해도

마음이 너덜너덜한 상처투성이 사람이 있다고 하자. 그런 자신을 감춰주고 괜찮은 사람처럼 포장해주는 것은 화려한 보석이 되기도 하고 훌륭한 학벌이 되기도 한다.

하지만 목욕을 하지 않아 더러운 몸에 진한 향수를 뿌리고 값비싼 보석을 주렁주렁 매달아 외모를 꾸민다면, 얼핏 보아서는 화려해 보이고 진한 향수 냄새가 진동할 것이다. 하지만 이 모습이 자기를 긍정하지 않는 사람들의 진짜 모습이다.

초라한 마음을 사회적 성공으로 가리고 있는 것은 밖에서는 화려해 보일지는 모르나 그 내면은 마치 빈민가의 판잣집 같을 것이다. 그러한 내면을 가졌기 때문에 자신을 지키기 위해 반짝거리는 보석이 필요한 것이다. 심리적으로 건강한 사람은 자신을 지킬 필요가 없으니 허울 좋은 성공이나 보석으로 자신을 포장하지 않는다.

그러나 신경증적 성향이 강한 사람은 몸에 보석을 휘감지 않으면 모든 일에 무기력해진다. 너덜너덜 상처받은 마음을 위로받을 곳이 없기 때문이다.

대인공포증처럼 심리적으로 건강하지 못한 사람은 '나는 사람들에게 미움받을 무언가를 가지고 있다'고 확신하기 때문에 '나도 내가 싫은데 사람들은 당연히 나를 싫어하겠지'라는 고정된 생각을 가지게 된다. 내가 토마토를 싫어한다고 남도 토마토를 싫어할 것이라고 믿는 것과 같다.

심리적 궁핍에
길들여지다

과연 '사람들에게 미움받을 무언가'란 존재할까? 사실 우리는 선천적으로 타인으로부터 미움받을만한 무엇인가를 가지고 태어나지 않는다.

어린 시절부터 '너는 골칫거리다', '넌 한심해'라는 말을 들으며 자랐기 때문에 '나는 사람들이 싫어할만한 무언가가 있다'라는 고정관념이 마음속에 자리 잡은 것뿐이다. 그리고 그 무엇이 혹시나 드러나지 않을까 항상 마음을 졸이며 살게 되는 것이다.

이것은 당신이 어린 시절부터 특별히 말썽을 피우고 주위 사람들의 애를 먹여서 그런 것이 아니다. 단지 주변 사람들이 사랑을 베푸는 데 있어서 미숙했고 표현이 부족했을 뿐이다.

만일 애정을 듬뿍 받고 자랐다면 자신을 전혀 다르게 생각하고 평가하였을 것이다. 그러나 애정이 결핍된 환경 속에서 자랐기 때문에 유아기적 바람이 충족되지 못해 어른이 되어서도 자기중심적이고 제멋대로인 사람이 된 것이다. 그러다 보니 무슨 일이든 자기 생각대로 되지 않는다. 결국, 엉뚱한 원망을 품게 되고 그 원망의 감정을 마음속 깊이 간직한 채 살아가는 것이다.

무의식 속에 항상 원망이 서려 있고 이러한 감정이 강할수록 상대에게 마음을 얻기가 힘들어진다. '타인과 소통하기 위해서는 먼저 마음을 열어'라는 말을 들어도 도대체 상대의 마음을 여는 것이 무엇인지 알 길이 없다. 그러면 상대도 마찬가지로 그가 무의식 속에 품은 원망의 감정을 느끼고 반응해서 다가서지 못하게 되는 것이다.

강물에 빠졌다면
창피함은 사치다

심리적으로 건강하지 못한 사람은 인생이라는 강물에 빠져 허우적대고 있는 상태라고 말할 수 있는데 정작 그들은 위기의식을 느끼지 못한다.

자신은 심리적으로 건강한 사람이라고 확신할뿐더러 물에 빠져 허우적거리는 것은 나와는 상관없는 남의 이야기라 생각한다. 이것이 곧 그들이 현실을 올바로 파악하지 못한다는 증거이다. 따라서 구해줄 만한 사람을 찾으려 하지도 않는다.

실제로 마음속으로는 하루도 견디기 힘들어 '도저히 이렇게는 안 되겠어'란 말을 되뇌면서 말이다. 만일 살면서 이렇게 느낀다면 그 사람은 인생의 늪에 빠진 상태이다. 우울증으로 마음의 병을 앓는 것이다. 그런데도 '나는 이 만큼의 보석을 가지고 있어'라며 반짝이는 보석을 과시하는 모습이 평범한 사람들 눈에는 '이상한 사람'으로 비치고 당연히 도와줄 마음도 생기지 않는다. 도와주기는커녕 오히려 보석을 자랑하니까 보석을 노리는 교활한 사람들이 주변에 모여든다. 결국, 주위에는 질 나쁜 사람들만 넘쳐난다. 물에 빠졌을 때 무조건 달려와 구해주는 사람이 자신에게 진정으로 필요한 사람임을 깨닫지 못하는 것이다.

그리고 아무리 잘난 체하며 과시를 해도 상대에게는 감추고 있는 속마음이 훤히 보이기 마련이다. 가령 그 사람이 사회적으로 대단히 훌륭한 위치의 사람이거나 권력자라고 해도 말이다. 그의 주변에는 사심을 가진 질 나쁜 사람들만 남았고 순수한 친구들은 모두 떠났기 때문에 실제로 그에게 손을 내미는 사람은 없다.

결과적으로 부족함이 없는 엘리트가 불면증에 시달리고, 분노와 불안 때문에 우울증을 앓다가 자살까지 하는 경우를 우리는 종종 보게 되는 것이다.

'나는 엘리트이다'라고 믿었던 삐뚤어진 우월감이 '나는 보석을 이 만큼 가지고 있어'라고 여전히 큰소리치게 만들며 자기 과신에 빠지게 하는 것이다. 물에 빠졌을 때 구해달라고 소리치면 보통은 사람들이 구해주려고 모일 것이다. 그러나 실제로는 구해달라고 소리치지 못하는데 사람들을 원망하는 왜곡된 마음이 여전히 남아 있기 때문이다. 반면에 구해달라고 소리치는 사람은 솔직하고 순수한 마음을 가졌다고 볼 수 있다.

나는 왜 지금에
머무르지 못하는가?

자신을 긍정하지 않는 사람은 '저기까지만 갈 수 있다면'이라는 목표를 정해놓고 그곳에 도달하기 위해 매일매일 열심히 살아가는 유형이 많다. 명문대학에 입학해서 대기업에 입사하고 과장이 되고 부장이 되어 최종적으로 임원이 되겠다는 목표를 향해 고통을 견디며 끊임없이 매달리는 것이다.

그러면서 지금까지 자신이 해온 일을 뿌듯해하며 자랑하지만, 심리적으로 건강한 사람이 보기에는 부러운 것이 아니라 애써 무리하며 사는 것으로 비칠 뿐이다.

심리적으로 건강한 사람은 무리하는 사람과 같은 길을 걷지만 즐거운 마음으로 산책하듯 걸어간다. 이들이 삶을 대하는 모습에서는 활기찬 역동감이 느껴진다. 무리해서 애쓰지 않아도 타인의 눈에는 부러움의 대상이 되는 것이다. 그는 일이 잘 안 되어도 무기력감을 느끼지 않으며 사회적으로 존경할만한 위치가 아니더라도 심리적으로 위축되거나 삶에 대한 건전한 관점을 잃지 않는다.

마음이 병든 사람은 '성공한 사람으로 보일 거야!'라는 오기에 찬 마음으로 고통을 참아가며 기를 쓰고 노력하는 반면 심리적으로 건강한 사람은 '하고 싶은 일을 하니 즐겁네'라는 마음으로 유쾌하게 일한다. 마지막에는 고통스럽게 애쓰던 사람보다 오히려 즐기며 일하던 사람이 더 멀고도 높은 곳에 도달해 있음을 알 수 있다.

보이지 않는 문 뒤에
독사가 있다

　자신을 긍정하지 않는 사람은 다른 사람들 앞에 서면 긴장하고 불안해져서 상대를 바라보지 못한다. 그들은 상대가 어떤 생각을 하고 있는지에 관심을 두지 못한다. 이것은 닫혀있는 문 앞에 서 있는 사람과 같은 것이다. 우리는 문을 열기 위해 두드리던가, 열쇠를 구하는 노력을 해야 한다. 하지만 어떻게 해도 문이 열리지 않을 것이라는 생각이 들면 벌써 실망하게 되는 것이다. 이렇게 되면 그 문이 미닫이문인지, 접히는 문인지, 유리문인지는 보려고 하지 않고 무조건 열려고만 힘을 주게 되는 것이다.

　그것이 사람의 '마음'에 문이라고 하면, 어떤 사람들은 돈이 많으면 그 문이 쉽게 열리리라 생각한다. 내게 돈이 없으면 상대가 나를 무시하고 소외시킬 것이라는 생각에 항상 신경이 곤두서 있는 것이다. 이처럼 상대를 전혀 보지 않고 교감하려는 시도는 자신이 만든 허상을 따라다니는 것과 같은 꼴이다. 만일 내가 만든 허상이 괴물이라면 상대가 항상 두려울 수밖에 없다.

이러한 마음의 병이 있는 사람은 허상의 세계에 사는 것과 다를 바가 없다. 그들은 자신이 만든 가상의 틀 속에 자신을 구겨 넣으려고 끊임없이 노력한다. 그리고 자신이 그 기준에 미치지 못한다고 생각되면 절망한다. 자신의 편협한 가치관이 만든 허상의 틀인데 말이다. 그는 자신을 스스로 몰아세우고 다그치며 지치게 만든다.

몸은 자유로울지 몰라도 이들의 정신은 자신이 만든 감옥에 갇힌 것이나 마찬가지이다. 더욱 큰 문제는 이들은 자신이 철저히 현실과 소외되어 있음을 알지 못한다는 데 있다. 막상 풀려나더라도 자유인이 누리는 가치를 잃어버린 사람은 오히려 자신이 만든 감옥으로 돌아가기를 원한다. 자신을 스스로 옥죄고 불행하게 만드는 틀에 너무 익숙해져 버린 것이다.

어떤 문을 열기가 두렵다면 그 안에 무엇이 있는지 모르기 때문이다. 인간관계에서도 '상대가 어떤 사람'인지 알 수 있다면 충분히 안심할 수 있다. 그런데 상대를 진정으로 알고자 하는 눈이 없기 때문에 그 모두가 보이지 않는 두려움의 대상이 되는 것이다.

행복해지려면
감사함을 배우라

　도와줘, 고마워, 신세 지겠습니다, 죄송합니다, 부탁합니다…… 마음이 병든 사람들에게 이러한 말들은 구원이 될지도 모른다. 하지만 앞서 설명한 것처럼 원망의 감정이 있기에 이러한 표현들을 좀처럼 하지 못한다. '고마워'나 '미안해'라는 말을 하기를 망설이는 사람은 자신의 마음속 깊은 곳에 원망이 도사리고 있지 않은지 살펴볼 필요가 있다.

　아무리 애를 써도 '고마워'나 '미안해'라는 마음이 생기지 않고 '실례했습니다'라는 말로 대체해 버리는 사람이 있다. 이런 사람은 자신의 무의식 속에 한구석을 차지하고 있는 원망의 정체를 밝혀내지 않는 한 언제까지나 제대로 된 의사소통이 어려울 것이다. 무언가가 순조롭게 잘 돌아간다는 것은 상대와 자신과의 관계가 자연스럽게 흐르며 이루어진다는 것이다. 이것은 서로가 양보하고 배려한다는 말이기도 하다. 따라서 서로는 상대의 친절함에 감사해야 한다.

하지만 마음에 원망이 있는 사람은 감사하는 마음이 잘 생기지 않는다. 설령 '고맙다'는 마음이 생긴다고 해도 관계가 원만해졌다 싶으면 바로 익숙해져 버린다. 그들은 '고마워'라는 마음을 간직하지 않거나 바로 잊어버린다. 거기서 끝나는 것이 아니라 상대방의 친절과 배려를 당연하게 여기거나 권리처럼 요구하기도 한다.

대인관계에 능숙한 사람들의 특징은 매사에 맺고 끊고가 분명하다. 그러나 자기집착이 강한 사람은 일단 일이 순조롭다고 느끼면 쉽게 경계를 넘나들게 된다. 하지만 친숙하다는 것이 상대를 존중심 없이 대해도 된다는 의미가 아니다. 아무리 가까운 사이라 해도 지켜야 할 예의가 있다. 그것은 무미건조한 예의 바름이 아니라 나의 말을 주의 깊게 들어주고 마음을 나눠주는 고마운 사람들에 대한 감사한 마음을 잊지 말라는 것이다.

마음의 평화는
사랑으로 완성된다

주절주절 자신의 말을 하는 것 자체에 문제가 있는 것이 아니다. 그런 대화는 친한 사람들끼리 가능하다는 것을 잊으면 안 된다. 그렇게 친밀한 거리에 있는 사람을 우리는 '친구'라 부른다. 그런데 어제오늘 만난 사람에게 자신의 고민을 주절주절 털어놓는 것은 당황스러운 행동이며, '인간관계의 거리감을 파악할 능력이 없다'라는 것을 의미한다.

따라서 타인에게 자신의 마음을 털어놓은 후 '당신이 곁에 있어서 내 마음이 위로를 받아요'라는 생각이 들고 진심으로 상대에게 '정말 고마워'라는 마음을 가질 수 있어야 진정한 벗 관계라고 말할 수 있다. 하지만 모두가 이렇게 느끼지는 않는다. 상대가 진정한 벗이라면 당신의 속마음이 하는 말을 귀담아들을 것이다. 이러한 대화는 새 힘을 준다.

그러므로 의미 있는 커뮤니케이션이란 솔직하게 자신의 마음을 털어놓는 것이다. 그러나 이러한 솔직함은 실은 어려운 일이다.

자신을 긍정하지 않는 사람은 이러한 커뮤니케이션의 방법을 배운 적이 없다. 어쩌면 그들은 누에처럼 스스로 실을 뽑아 자신만의 집을 짓고 그 안에 숨어있는 나약한 존재들이다.

또한 불행한 사람은 혼자서도 평화를 얻을 수 있다고 생각하지만, 행복은 사랑으로부터 얻어지는 것이다. 서로에게 불편한 마음을 가지며 신선한 생선회를 먹는 것보다 서로 아끼는 사람끼리 말라비틀어진 정어리를 먹는 것이 훨씬 행복하듯이 말이다. 편안함은 무심결에 웃고, 무심결에 귀를 기울일 때 느껴진다. 친한 사람에게 아무렇지 않게 불평할 수 있는 것은 그 사람에게 편안함을 느끼기 때문이다. 돈을 모아 한적한 시골에 멋진 별장을 지어 그곳에 머무른다고 편안함이 느껴지는 것은 아니다.

행복이란 공감하고 연대하는 과정에서 생긴다. 상대에 대해 우월감을 과시하는 것이 아닌 서로의 마음을 이해하고 함께해야 한다. 사람들보다 우월하다고 잘 사는 인생이라 단정할 수 없다. 반면에 사람들과의 공감과 소통이 원활하다면 대개 순조로운 인생을 살게 된다.

소통이란 둘이 하나의
그림을 그리는 것이다

자신을 지킨다는 것은 상대보다 우월하다고 얻어지는 것이 아니고, 사람을 평가하고 비판한다고 주어지는 것이 아니며, 현실에서 멀어져 독립하고 고립된다고 확보되는 것이 아니다. 자신을 지키려면 자기표현을 해야 한다. 독선적인 상상이 아닌 현실에 관계해야 한다.

자기표현이 가능할 때 커뮤니케이션이 가능하다. 즉 내가 자기표현을 할 때 상대는 그것을 알아보는 것이다. 현실의 자신과 관계하지 않고 현실의 상대와 관계하지 않으며 현실의 세계와도 관계하지 않는 머릿속 상상의 세계에서만 살아간다면 자기표현은 어림도 없다.

누군가와 소통한다는 것은 무엇인가를 함께 나누는 과정이다. 이것이 실현되기 위해서는 형태로만 '함께'하는 것이 아닌 진정한 마음을 서로 나누어야 한다. 현실에서 도피하고자 동반 자살하는 극단적인 형태의 연대는 상대를 바라보지 않고 관계하지 않은 비극적인 결말이라고 할 수 있다.

동반 자살은 둘 사이에 대단한 정신적 연대와 이해로 맺어진 관계로 착각하기 쉬우나 사실은 서로가 현실의 상대를 바라보거나 진정한 관계를 맺지 못한 상호성의 결여에서 비롯되는 것이다. '타인의 자기화'로 자신이 제멋대로 상상한 타인이지 현실의 타인이 아니다.

만일 마음 깊은 곳에서 정말 서로 통한다면 함께 죽을 마음은 생기지 않을 것이다. 인간에게는 본래 살아가려는 의지가 본능에 잠재돼 있기 때문이다. 이는 인터넷에서의 가상의 동반 자살도 마찬가지이다. 혼자서 죽어가는 것일 뿐 상대와 관계하는 것이 아니다.

이것은 오래된 연인관계라 해도 크게 다르지 않다. 신경증적 성향이 강한 사람은 누구보다도 칭찬받고 인정받는 것에 목말라 있기 때문에 호감을 느끼는 이성이 예의 바르게 다가오면 급속도로 연애감정에 빠져들 수 있다. 하지만 이 사람은 자신이 만든 허상을 따라가는 것일 뿐 누구와도 실제로 관계하지 않으므로 상대가 인간관계에 아무리 노력을 쏟아도 보람을 느끼지 못할 수 있다. 상대는 인간관계를 이뤄보려고 무리가 될 정도로 노력하지만, 이들은 마음으로 소통하고 공감하지 않기 때문에 원하는 결과에 다다르지 못하는 것이다. 들이는 노력이 많아질수록 서로의 상처도 깊어지며 원망도 커진다. 결국 사랑하려고 시작한 관계가 칼부림으로 끝나는 사태가 벌어지게 되는 것이다.

3장

나를 긍정하면 무게감은 따라온다

고유한 나를 향한 존중의 시작

나는 왜 나의 장점도
긍정하지 못하는가?

누군가에게 칭찬을 들어도 그 순수한 평가를 있는 그대로 받아들이지 못하는 사람들이 있다. 자신에게 호감이 있는 사람이 '좋아해요' 또는 '예쁘네요' 라고 말해도 '누구에게나 하는 말이겠지'라며 그 진심 어린 고백을 외면한다.

이런 사람들은 사실은 허영심이 강한 경우가 많다. 칭찬이 내심 기분 좋으면서도 솔직하게 그것이 좋다고 받아들이지 못하는 것이다. 그러나 먼저 문제가 되는 것은 이들이 가볍게, 농담처럼 던진 빈말과 진심 어린 호의를 구별하지 못한다는 점이다. 거기에 더하여 상대가 정말로 나를 좋아한다는 사실을 받아들이지 못한다. 스스로가 가진 이미지와 어울리지 않기 때문이다. 거기에다가 삐딱한 허영심까지 발동하게 되면 못마땅한 말투로 대꾸하거나 무시하는 태도를 보이기도 한다. 이러한 예상치 못한 반응은 상대를 당황하게 만들며 친절한 관심은 무안함으로 바뀌게 된다.

어쩌다 호감을 받아들인다 해도 이들은 상대의 진심을 끊임없이 확인하려 든다. 자기를 긍정하지 않기 때문에 상대방의 진정성을 믿기 어려워, 자신이 사랑받고 있다는 증거를 계속 보고 싶어 한다. 믿기지는 않지만 믿고 싶은 마음에 끈질기게 상대에게 되묻는 것이다.

이러한 행동이 반복되면 상대방은 인내심의 한계를 느낀다. 만일, 연애하는 사이라면 "너 정말 질린다!"는 말로 헤어짐을 통보하게 되는 것이다. 이별의 원인이 상대의 진정성을 믿어주지 않는 태도 때문이었는데도 본인은 왜 관계가 깨지게 되었는지 알지 못한다.

만약 상대의 장점을 칭찬했는데 '웃기고 있네'라는 대답을 듣는다면 황당하지 않을 사람이 과연 몇이나 될까?

더욱더 놀라운 것은 정작 본인은 자신의 언행으로 상대가 떠난다는 것을 모른다는 사실이다.

참을 수 없는 존재의 가벼움

자신을 가볍게 생각하는 사람은 상대의 말을 진지하게 들어주기가 어렵다. 상처를 주는 언행을 해도 그것이 잘못인 것을 느끼지도 못한다. 자신을 존중하지 않기 때문에 스스로 가벼이 여기고, 그로 인해 진지함을 잃기 때문이다.

자신을 포장하고 과시하는 데 온 힘을 쓰면서도 상대의 말을 들어주거나 문제를 다른 사람의 관점으로 바라봐주지 못한다. 이는 상대를 살피지 않고 단지 '내 체면을 구겨서는 안 된다'는 생각에 몰두하기 때문이다.

사실, 이들이 대인관계에서 보여주는 겸손과 예의는 단지 그들의 체면을 위한 모양과 형태만을 취하고 있기 때문에 실제로 작동하지 않는다.

사랑이라 쓰고
의심이라 읽는다

예의 바른 호의를 삐딱하게 받아들이는 것 이외에도 이들이 상대를 당황하게 만드는 경우가 있는데 일상적인 언어를 곡해하여 받아들이는 경우이다.

예를 들면, 애인에게 전화를 걸었는데 마침 회의 중이어서 일상적인 통화가 어려워 사무적인 말투로 "잠시 후에 제가 전화하겠습니다"라며 전화를 끊을 수 있다.

하지만 허영이 강한 사람은 "내 전화를 왜 이렇게 받지? 나랑 통화하기가 싫어서 그래? 다시는 전화 안 해!"라며 화를 낸다. 상대는 다른 뜻이 있는 것이 아닌데 사무적인 말투에 기분이 상하고 소외감을 느끼는 것이다. 어떤 때는 전화를 걸겠다고 해놓고 약속한 시각에 전화 거는 걸 잊었을 경우 '내가 싫어진 거야'라며 의심한다.

사실, 애인이 하는 일상적인 평범한 행동도 자신을 긍정하지 않는 사람은 자기를 밀어내거나 소외시키려는 의도로 해석하는 것이다. 결국, 연인에게서 얻어내는 것은 쌓여만 가는 부정적 증거이다. 이것은 스스로가 자신의 가치에 대해 확신이 없기 때문이다. 이처럼 상대가 자신의 요구를 들어주지 않으면 상황 때문이 아니라 자기 자신을 거부하는 것으로 해석하며 이 또한 스스로 자신에 대한 부정적인 인식을 키우는 데 사용된다. 즉 상대를 바라보지도 않고 주변 상황도 둘러보지 않은 채 스스로 현실과 멀어진 채로 독단적으로 자신만의 세계에서 살아가는 것이다.

내가 크면
상대는 가려진다

'아무도 나를 사랑하지 않는다'는 고민에 쌓여있는 사람은 상대의 상황과 반응에 대해 깊이 생각해 보는 것이 좋다. 내가 지금 상대방에게 요구하고 있는 것이 진짜 무엇인지 또는 상대의 말이나 행동의 뜻을 제대로 파악하고 있는지, 곡해하고 있지는 않은지 말이다. 어두운 영화관에서 슬픈 영화를 혼자 보면서 '나는 누구에게도 사랑받지 못하는 사람이야'라며 울고 있을 일이 아니다.

그것은 사랑받지 못하는 것이 아니라 누구와도 의미 깊은 관계로 들어가기가 어려운 것이다. 예를 들면 마음에 드는 사람이 나에게 데이트 신청을 한다면 당연히 기쁠 것이다. 그 마음으로 솔직하고 순수하게 데이트를 시작한다면 행복한 결말을 기대할 수 있다. 하지만 '데이트 신청을 한 번에 받아주는 건 내 자존심이 허락지 않아'라며 마음에도 없는 거절을 하여 낮아진 자존감을 보상받으려는 사람들이 있다. 자신의 우월감을 상대가 나를 얼마나 원하는가를 통해 확인하려는 것이다.

사실상 이것은 상대와 진지한 관계를 원한다기보다는 자신의 우월감을 자랑하고 싶은 대상이 필요한 것이다. 자신에게 순수하게 다가오는 사람에게까지 관계에서 우월한 높이를 선점하기 위하여 허세를 부리는 것이다.

이러한 태도라면 좋은 결과를 기대하기가 어렵다. 오히려 반감을 사지 않으면 다행일 것이다. 이러한 부류의 사람들은 솔직하지 못하기 때문에 결국은 모두의 관심에서 멀어진다. 순수하고 따뜻한 관계를 원하는 사람들은 주변에서 더는 찾아볼 수 없게 된다. 솔직한 대화를 나누며 진정한 벗 관계를 누리는 사람들을 보면서 부러워하는 자신을 발견하게 된다. '모두 즐겁게 사는 것 같은데 나만 불행한 것 같은 이 느낌은 뭘까?'라는 억울함이 들 수 있다.

하지만 그에게도 얼마든지 즐겁게 인생을 함께할 상대를 만날 기회가 있었다. 자신의 우월감만 고집하고 채우려다가 그 관계를 스스로 걷어차 버린 것이다. 이러한 사람에게 남는 것은 자신을 무시하고 함부로 대하는 사람들뿐이다.

이러한 상황은 자신에 대한 확신이 부족한 사람이 상대의 가치를 알아보는 능력이 떨어져 생기는 일이다. 진정한 관계를 맺지 못하는 것은 나와 상대를 존중하지 않기 때문이다. '바보 취급당하지는 않을까, 가볍게 보이지는 않을까?'라는 고민에 빠져 걱정만 하다가 상대가 '어떤 사람'인지를 아는 데 실패한다. 자신에게만 눈이 향해 있어 상대를 바라볼 능력도, 여유도 남아 있지 않아서이다.

당신이 특별하면
누가 평범한가?

열등감과 고독감은 상호 밀접한 관계에 있다. 한쪽이 커지면 다른 쪽도 따라 커진다. 그리고 열등감이 큰 사람일수록 흔들리기 쉽다. 이런 심리적 약함이 주변 사람들에게 이용당하기 쉬운 특징으로 자리 잡는 데 이보다 더 큰 문제는 자신의 문제에 대한 성찰과 반성이 전혀 없다는 것이다.

사실 외로움이란 사람을 나약하게 한다. 혼자서는 아무 것도 하고 싶지 않으며 삶의 의욕마저 잃어버리게 되는 것이다. 이처럼 고독하고 외로운 사람은 손쉬운 인정욕구에 희생되기 쉽다. 열등감이 강한 사람일수록 다른 사람이 하는 달콤한 말에 약한 것이다. '내가 이렇게 멋지다는 것을 알면 이제 나를 중요한 사람으로 여기겠지!'라며 마음속으로 근사한 자신의 모습을 상상하며 귀를 여는 것이다.

그들은 '허락된 분들만 입장 가능한 클럽입니다' '명단에는 없습니다만 특별히 모시겠습니다'라는 말에 현혹된다. '이 물건은 상위 1%의 분들에게만 소개되는 상품'이라는 콘도미니엄 업자의 말에 녹아내리는 것이다.

우리는 말뿐만이 아니라 다양한 비언어적 메시지 속에서 살아가며 때로는 그 속에 더 강렬한 진심이 숨겨져 있는 경우도 있다. 하지만 상대의 번드레한 말에 속아 진짜 의중을 파악하지 못하면 이용당하기 쉬우며 자신의 위치를 찾는 것이 어려워진다. 자신의 열등감을 채우려고 자기방어에 몰두하는 것은 결국 현실의 흐름을 놓쳐 여러 면에서 뒤처진 삶을 살게 만든다.

나를 긍정하려면
나의 고유성을 인정하라

　　　　　　자신을 긍정하지 못하는 사람은 상대
의 말을 곡해하는 경우가 많다. 상대의 말을 자신에게 불
리한 쪽으로 해석하기에 급한 것이다. 예를 들어 이런 유
형의 엄마는 "이 카레는 매워"라는 아이의 말에 '엄마 요
리는 형편이 없어요'라는 말로 받아들인다. 기분이 언짢
고 자존심도 상한다. 아이의 말을 순수하게 그대로 들어
주고 받아주는 것이 자연스러운 엄마의 사랑일 텐데도 말
이다. 또 남편이 "이사 온 옆집 새댁, 예쁘더라"라는 말에
아내가 '내가 그 보다 못생겼다는 말이군'이라며 째려본

다. 마찬가지로 아내가 "급브레이크 자꾸 밟으면 마음이 불안해져!"라고 말하면 '내 운전실력을 못 믿겠다는 말이네!'라고 생각하는 남편과 같다.

이러한 종류의 의식구조를 가진 사람은 상처를 주고받음에 있어 대상을 차별하지 않는다. 즉 누구의 말도 흘려듣는 법이 없이 놓치지 않고 상처를 받는 것이다. 물론 평범한 사람들도 말에 있어서 상처를 주고받는다. 때로는 심한 말실수로 돌이킬 수 없이 관계가 나빠지는 경우도 있다. 하지만 대부분은 그저 신경 쓸 필요가 없는 하찮은 일상이라 넘기기 마련이다. 하지만 자신을 긍정하지 않고 스스로 확신이 부족한 사람이라면 그 누가 한 말이라도 상처받을 수 있으며 작은 실수에도 신경을 곤두세우고 예민해질 수 있다.

이러한 반응은 칭찬에도 마찬가지이다. 누구나 칭찬을 받으면 기쁜 법이다. 하지만 누구에게나 칭찬을 받는다는 것은 오히려 이상한 일이다. 그 칭찬이 가진 의도와 방향을 파악하고 반응하는 것이 필요하다. 무조건 칭찬받기를 원한다면 그것 역시 정상적인 심리가 아니다.

결론적으로 자신을 긍정하지 않는 사람은 진정한 의

미의 사랑을 받아보지 못한 사람일 가능성이 높다. 그래서 누구와 진정한 관계를 맺는 것이 두려워 긴장하는 것이다. 그 결과 무의미한 칭찬도 받으면 좋고 신경 쓸 필요가 없는 평가와 비난에도 상처를 받는 것이다. 그것은 그가 개별적으로 고유한 그 누군가와 독립적인 관계를 맺을 능력이 없기 때문이다.

원숭이의 궁둥이는 왜 빨간가?

자신을 긍정하지 않아 상처를 주고받기 쉬운 사람은 실제로 '수치심을 느껴야 정상인 사람'이라 스스로 생각한다. 주변 지인들은 그에게 특별한 문제가 있다고 느끼지 못해도 스스로는 그렇게 인식한다. 이러한 차이는 서로 간의 일상에 매우 다양한 오해를 불러일으킬 수 있다.

인간관계가 오해 없이 작동하기 위해서는 자신에 대한 존중심이 필요하다. 또한 상대가 나에게 갖는 존중심의 정도를 이해하는 것 역시 중요한 일이다. 이것을 제대로 알지 못하면 자신이 전달하고자 하는 의지와 뜻을 자유롭게 펼쳐 보일 수 없다.

자신에게 확신을 가지고 있는 사람은 자신을 긍정하지 못하는 사람보다 훨씬 더 정확하게 자신의 의도를 파악하고 상대에게 그것을 전달한다. 상대방에게 메시지를 받는 경우에도 그것의 뜻과 의미를 비교적 정확하게 읽어내고 의미를 파악하여 자유롭고 소신 있게 대답한다.

그러나 자신감이 부족한 사람은 '그것도 몰랐어?'라는 반응에 '나를 바보 취급하고 있네'라고 생각한다. 무슨 말을 어떤 상황에 했든 결론은 늘 똑같다. '나를 무시하고 함부로 대한다'는 것이다. 상대가 하는 말과 행동이 어떤 상황에서, 어떠한 이유로 그리고 어떠한 표정으로 했는지를 바라보지 않기 때문이다.

그것은 자신을 방어하려는 마음이 커서 주변의 대화와 상황이 어떻게 전개되어 가는지 지켜볼 여유가 없다는 데 그 이유가 있다. 반면에 열린 마음을 가진 긍정적인 사람은 자신이 아니라 상대방에게 관심을 갖기 때문에 오해하는 경우가 비교적 적다. 상대가 말을 할 때, 상대의 시선을 바라보고 비언어적 행동까지 살피며 그 말의 의미와 뜻을 알아내기 때문이다.

자신을 긍정하지 않는 사람을 원숭이로 비유하면 재미있는 사실을 발견할 수 있다. 자신에 대해 확신이 없는 이 원숭이는 '다른 모든 동물은 나와 같은 원숭이'라 생각할 것이다. 만일 하마가 '헤엄도 못 치는 게'라는 말을 했다면 원숭이는 분명 바보 취급당했다고 생각할 것이다. 독수리를 보고는 하늘을 날지도 못하고 나무들 사이나 뛰어다니는 자신이 한없이 초라해질 것이다. 그러나 이 원숭이가 자신을 존중해주고 위로해주는 사자를 만났다면 바보처럼 사자에게 '뒤에서 살금살금 다가와 갑자기 덮치는 잔인한 짐승이 있다'고 이야기 해 줄 것이다.

이러한 비유는 자신을 긍정하지 않는 사람이 주변 사람들을 살펴보지 않고 자신에게만 집중하여서 하는 말들이 얼마나 현실 세계를 반영하지 못하는지를 잘 알려준다. 또한 자신을 얼마나 비합리적인 기준으로 괴롭히는지도 잘 보여준다. 마찬가지로 이 세계의 다양성을 보지 못하고 처지를 바꾸어 생각해보지 못하는 사람에게 원활한 의사소통을 기대하는 것은 원숭이에게 왜 궁둥이가 빨가냐고 묻는 것만큼이나 부질없다.

칭찬하는 것은
나를 비추는 거울이다

앞서 자신을 긍정하지 않는 사람의 특징 중 하나가 '상대가 하는 칭찬을 순수하게 받아들이지 않는다'는 것이라 했다. 이에 더하여 '상대를 솔직하게 칭찬하지도 못한다'는 특징도 있다.

예를 들면 '자신을 긍정하지 않는 부모'라면 어떨까?

정서적으로 미성숙한 부모는 자녀의 자연스러운 성장을 진득하게 기다려주지 못한다. 자신의 불안한 정서가 조급함으로 자녀 교육에 나타난다. 따라서 아이가 해야 할 일을 자신이 먼저 해버린다. 그리고 그러한 행동을 하는 자신을 좋은 부모, 훌륭한 부모의 역할을 하고 있다고 생각한다. 아이도 그렇게 믿는다.

그러나 훌륭한 부모의 진짜 모습은 '안절부절못하고 세상에 원망을 품고 사는 부모'인데도 말이다. 세상에는 이러한 부모들이 의외로 많다. 이런 부모들의 경우 대개 자신이 하고 싶은 일을 아이에게 시킨다. 과외조차도 아이가 아니라 자신이 원하는 것을 시키는 경우가 많다. 아이가 수영이든 피아노든 과외 수업을 받고 지쳐 집에 돌아오면 가방을 들어주면서 자신은 아이를 잘 보살펴주는 멋진 부모라고 안심하며 자부심을 품기도 한다.

그런데 이런 부모는 아이를 칭찬하지 않는다. 그리고 자신이 하고 싶은 것을 아이에게 시키기 위해 아이를 치켜세우며 칭찬하고 달랜다. 하지만 아이가 노력해서 얻은 것, 가령 발레 실력이 느는 것을 결코 칭찬하는 법이 없다. 그만큼 투자를 했으니 당연한 결과라고 생각하며 아이가 '자신이 스스로 노력한 결과로 얻어낸 실력이야'라고 여길까 봐 칭찬에 인색하다.

이렇게 아이를 몰아세우기만 하는 부모 역시 기본적으로 아이에 대한 애정이 깊지 않다. 아이를 통해 자신의 욕구를 충족하고 싶어서 아이에게 '이렇게 해라, 저렇게 돼라'며 주문을 늘어놓는 것이다. 자신의 욕구를 아이가 실현해줄 때라야 비로소 아이를 칭찬하는 것이다.

아이를 칭찬하지 않는 부모뿐 아니라 일반적으로 타인을 칭찬하는 데 인색한 사람은 자신을 한번 들여다볼 필요가 있다. 여자 친구끼리 모여 '요새 저 친구 예뻐진 것 같지 않아?'라는 말이 나오면 '그래? 그런 거 같기도 하고'

라며 말을 흐리고 좀처럼 사소한 것도 인정하려 들지 않는다면 말이다.

이렇게 누군가를 자연스럽게 칭찬하는 것에 어려움을 겪는 이유는 자신을 긍정하지 않기 때문이다. 다른 사람을 칭찬하기 위해서는 그를 바라보아야 하며 장점을 구별할 줄 알아야 한다. 하지만 이들은 자신의 문제에 바빠서 그들에게 진정한 시선을 두지 못하며 자신의 우월함만을 드러내어 불안을 해소하려 한다. 그래서 이들이 가끔 누군가를 칭찬하는 것은 자신을 상대적 우위에 둘 수 있는 경우이다. '너도 잘하지만 나는 더 잘하거든!'같은 식이다.

본질적으로 이들은 사람이 귀찮다. 사람을 바라보는 게 아니라 그들이 자신을 바라본다고 생각하기 때문이다. 자신의 옷에 오물이 묻은 것을 알게 되면, 모든 사람이 그것을 볼 것만 같아서 신경이 쓰인다. 다른 사람의 옷매무새를 살펴볼 여유가 없는 것이다. 이들이 혼자인 게 편한 이유다.

춤을 보려고
고래를 칭찬하지 말라

누군가의 칭찬이 감언이설^{甘言利說}인지, 정직한 평가인지 우리는 어떻게 구별할 수 있는가?

칭찬받고 있어도 마음이 불편하다면 그것은 정직한 평가가 아닐 수 있다. 아무리 달콤한 말이라 해도 감언이설은 듣는 이를 불편하게 한다. 왜냐하면, 지금 달콤한 말을 들으며 치켜세워지지만 결국 실패하면 실망하게 될 것이고 그렇게 돌아서는 사람들을 보고 상처를 받을 것이 뻔하기 때문이다. 하지만 진정한 칭찬은 듣는 이의 마음을 기쁘게 하며 격려가 된다.

그러므로 칭찬은 고래도 춤추게 하지만 춤을 보기 위하여 고래를 칭찬해서는 안 된다. 상대에게 진정한 관심을 두고 좋은 점을 발견하며 사심 없이 칭찬하면 상대와 긍정의 교감이 일어나 좋은 관계를 맺을 수 있다. 상대를 진심으로 응원하고 그가 한 노력을 인정하고 칭찬하는 사람이야말로 훌륭한 인격을 갖췄다고 볼 수 있다.

정성스럽게 차려진 요리를 먹고 '와, 정말 맛있어요'라

고 말하면 호감을 얻겠지만 '곰도 구르는 재주가 있네'라
며 푼수를 떨기 때문에 비호감 소리를 듣는 것이다. 어차
피 해야 할 일을 '바쁘지만 기쁜 마음으로 해볼게요'라고
말하고 행동하면 되는데 구시렁구시렁 불만을 늘어놓으
며 마지못해서 한다면 결국 고생은 고생대로 하고 좋은
평가는 듣지 못하게 된다.

진정한 나는 도대체
어떤 사람인가?

그동안 번역한 책 중에서 아이오와대학교 심리학과 명예교수인 존 하비John H. Harvey의 저서 『If I'm so successful, why do I feel like a fake?』라는 책이 있다. 일본에서는 『허세 심리』라는 제목으로 출간되었는데, 이 책에는 "자신은 어딘가 가짜이며 사기꾼일지도 모른다"라는 생각으로 괴로워하는 심리인 '위명 현상僞名現象'에 대해 설명하는 내용이 있다.

'사기꾼의 심리'란 타인을 속여 이득을 취하려는 마음이다. 자신은 어느 정도 사회적으로 성공했지만 어쩐지 누군가를 속여서 성공한 것과 같은 꺼림칙한 느낌으로 자신이 사기꾼이라는 생각을 떨쳐버릴 수 없는 상태를 일컫는다. 마치 가짜 이름으로 살아가는 것처럼, 떳떳하지 못한 자아로 인해 괴로워하는 사람들의 심리를 '위명 현상'이라 부른다.

이러한 고민은 사회적으로 아무리 대단한 성과를 거두었다 해도, 그것이 다른 사람을 속여 이뤄낸 것이라고 믿기 때문에 심리적으로 매우 불안정한 사람들이 있음을 알려준다. 실제로는 자신의 실력으로 획득한 정당한 성공임에도 불구하고 자신은 그것을 누릴만한 자격이 없고 과분한 대우를 받고 있다고 느끼는 것이다.

70%

'허세 심리'에 의하면 모든 성공한 사람들의 70% 이상이 어느 시점에서인가 이와 같은 위명 현상을 겪는다고 알려준다. 마치 현대 유행병처럼 돌고 있으며, 이와 같은 '잔인한 역설'은 도시의 전문직 종사자에게 더 일반적이다.

껍데기가 내용을
결정하지 않는다

위명 현상으로 고통받는 사람은 '자신은 세상의 표준으로 볼 때 보잘것없는 사람이지만 단지 운이 좋아 성공하게 되었다'고 생각한다. 그러므로 이 세계의 한 부분으로 엄연히 존재하는 것이 아니라, 여전히 이방인처럼 떠돌고 있다고 느끼는 것이다. 아마도 이 '세상의 기준'이라는 것에 온 신경을 곤두세우며 맞추기 위해 뛰어온 결과이지 않을까 싶다.

이 세상의 잣대로 보면 어떻게든 한자리를 차지하고는 있지만, 이 사람은 가장 중요한 자기 삶의 목적이나 이유를 생각해 본 적이 없다. 세상의 틀에 맞춰 자신을 맞추는 것에만 힘을 쏟느라 그 기준에는 도달했을지 모르나 한 인간으로서 의미를 발견하거나 살아갈 이유를 찾기가 어렵게 된 것이다.

이 사람이 그토록 노력했던 진짜 동기는 '세상의 눈으로부터 나의 체면을 지키는 것'으로, 그 노력의 전제에는 '있는 그대로의 자신의 모습이 부끄럽다'는 생각이 깔려 있다. 따라서 노력을 하면 할수록 있는 그대로의 자신에게서 멀어지려는 욕구가 강하며, 자신이라는 원래의 가치는 점점 더 빛을 잃게 된다. 결국 현실에서 자기가 어떤 위치에 도달했다 해도 자신의 힘으로 이뤄냈다고 느끼지 못하는 것이다. 그래서 이들은 갑질이라도 하고 허세라도 떨어야 한다. 이것은 걸핏하면 자신의 힘이나 신분을 과시하려다가 사회적으로 문제를 일으켜 뉴스를 장식하는 사람들이 왜 많은지를 알려준다. 자신이 얼마나 불행한가를 말해주지 않으면 견딜 수 없는 것이다.

본인이 흥미를 느끼는 과목에서 백 점을 맞은 아이들은 자신에게 만족한다. 그러나 몇 과목에서 백 점을 맞았는지가 중요한 아이나 부모는 결과에 만족하는 경우가 드물다. 사실 '위명 현상'을 겪는 사람들은 대부분 스스로 좋아하는 것이 없다. 그들에게 존재하는 것이란 자신은 사라지고 오로지 세상의 장단에 가락을 맞추는 허울만 남은 삶이다.

자신까지 속여야
진짜 사기꾼이다

위명 현상의 심리에 빠지는 이유는 '자기는 부정하고 타인은 긍정'하는 심리 때문이다. 이런 타입의 사람은 누군가의 자랑에 심하게 기가 죽는 유형이다. 누가 봐도 허세를 부리고 허풍을 떠는 사람의 말을 열심히 경청하고 심지어는 믿기까지 한다.

반대로 '자기는 긍정하고 타인은 부정'하는 유형의 사람이란 자신의 실력으로 달성한 일이 아닌데도 마치 자신의 실력처럼 여기는 사람이다. 이들의 심리는 매우 복잡한데 이들은 자신 때문에 일어난 실패도 쉽게 인정하지 않는다. 그렇기 때문에 마음속에서 과도한 자기 긍정이 생기는 것이다.

이것을 '반동형성적反動形成的 자기 긍정'이라 하는데 진심으로는 자신이 없지만, 표면적 자아는 그것을 인정하지 않는 심리 현상이다. 하지만 자신을 긍정하지 않는 심리가 무의식에 도사리고 있기 때문에 오히려 극단적으로 자신을 과시하여 불안감을 해소하는 유형이다. 따라서 이런 사람들의 허세는 절박한 부분이 있다. 이 세상의 기준을 유일한 것으로 받아들이고 그것을 권력으로 인식하는 사람에게 '진정한 자신의 초라한 실체'가 드러날까 봐 조급함이 발동하는 것이다.

하지만 설사 그렇게 되더라도 세상의 평가는 크게 달라지지 않는다. 세상은 그의 어설픈 사기에 속을 만큼 순진하지 않다. 스스로 자신의 능력이 실제보다 많이 부풀려져 있다고 생각하는 것도 현실적인 관점이 아니다. 이역시 자신이 만든 허상에 불과하다.

이들이 이렇게 복잡한 심리에 빠지는 이유는 한편으로 자기를 비하하면서도 다른 한편으로는 자만에 빠져있기 때문이다. 어느 쪽이 강한지는 쉽게 알 수 없지만, 보통은 자만심이 더 크다고 할 수 있다. 왜냐하면 자기 비하는 표면적인 감정임에 반해 자만심은 무의식의 영역에서 작동하기 때문이다.

스스로 자만의
올무에 걸리다

자신의 분야에서 성공한 사람들은 부단한 노력으로 자기만의 영역을 개척하고 끊임없이 성장한 사람들이다. 그들의 성공은 사람들에게 감동과 유익을 준다. 이러한 성공은 단지 타고난 재능으로, 말주변이 좋아서, 뛰어난 외모만으로 이룰 수 있는 종류가 아니다. 또한 주변 사람들에게 아부나 떨고, 어떻게 좋은 모습으로 비추어질까만을 염려한다고 되는 것도 아니다.

그러므로 성공에 있어 타인을 속이고 있다는 불안으로 괴로워하는 사람은 사실 그럴 필요가 없다. 오히려 다른 사람들이 자신을 어떻게 보고 있는지를 알게 되면 충격을 받을지도 모른다. '모두가 나를 대단한 사람으로 본다'라는 착각이 깨질 수도 있으니 말이다. 사람들은 그가 '늘 주의가 산만한, 심지 없는, 맥빠지게 만드는 사람'이라고 볼지도 모르는 일이다. 그는 '모두가 나를 빛나는 모습으로 기억하겠지'라고 믿고 있겠지만 실제로는 '저 사람, 나잇값도 못 하는 정신없는 사람'이라며 혀를 찰지도 모른다.

사실 가벼운 사람들은 주변의 인정을 조금이라도 받으면 자만하기 쉽다. 인생을 대하는 태도에서 무게감을 찾아볼 수 없기 때문이다.

그러므로 체면이 아니라 고유성을 세워라

자신의 성공을 타인을 기만하여 얻은 결과라고 괴로워하는 사람은 '자의식 과잉'의 결과이다. 자신을 어떻게 생각하는지 다른 사람들에게는 그다지 중요한 문제가 아닐 수 있다. 특히 '한 번의 실패도 용납할 수 없다'는 생각은 큰 착각이다. 실패에 그토록 예민하게 반응할 필요가 없다. 사람들이 나를 인정하고 응원한 것은 내가 세상에 대해 '체면을 세웠기 때문'이라는 생각부터가 잘못된 것이다.

과연 한 사람을 사회적으로 유지해 주는 것이 그의 사회적 지위 때문일까? 세상에 체면을 세운 사람들만이 과연 사랑받을 자격이 있는 것일까? 그렇다면 어떤 사회적

권력도 쥐지 못한 사람은 외면당해도 괜찮다는 것인가?

하지만 지위와 명성을 얻고 인정을 받는 것이 가장 중요한 문제는 아니다. 사람은 그 자체가 고유한 존재로서 인정받고 사랑받을 권리가 충분하고 그러한 사실을 잘 알고 실천하는 사람들이 더 많기 때문이다.

날카롭게 바라보면
실체가 보인다

자신의 본모습을 타인에게 숨기고 있다는 심리로 괴로워하는 사람은 자신에 대해 잘 알지 못할뿐더러 다른 사람들에 대해서도 잘못 알고 있다. 우리가 만나는 사람 중에는 심술궂은 사람도 있고 착한 사람도 있다. 실패해도 따뜻한 시선으로 바라보려는 사람이 있는가 하면 비웃으며 조롱하는 사람도 있다.

어떤 사람이 나를 조롱하면 주변의 모든 사람이 나를 비웃고 있는 것처럼 느끼기 쉽지만, 현실은 그와는 다르다. 언제 자신을 조롱하는 사람을 냉철하게 바라본 적이 있는가? 오히려 나 자신을 스스로 긍정하지 않기 때문에 모든 사람이 나를 비웃고 있다고 생각하는 것은 아닐까?

주변 사람들과 의미 있는 관계가 아니라면 진정한 현실을 파악하기가 쉽지 않다. 그러므로 사람들이 '나를 이렇게 생각한다'며 스스로가 허상을 만들고 그것을 현실이라 믿어버리면 안 된다. 또한 계속해서 현실의 이웃들과 거리를 두고 살아서도 안 된다.

만일 자신을 조롱하는 사람이 있다면 그 비웃음 가득한 얼굴을 정면으로 쏘아보며 도대체 '어떤 사람'이, '어떤 이유'로 자신을 비웃는지를 알아낼 수 있어야 한다. 그렇게 해야 그 조롱이 내가 그렇게 신경 써야 할만한 가치도, 의미도 없다는 것을 알게 될 것이다.

분명히 세상에는 심술궂은 사람이 존재한다. '자기는 긍정하고 타인은 부정'하며 자신의 잘못은 보지 못하고 다른 사람들을 습관적으로 원망하는 사람들도 많다. 어떤 사람들은 성격이 그냥 까다로운 경우도 있다. 이런 사람들이 나에게 어떤 불평을 한다고 해서 나에게 실제적인 문제가 있는 것이 아니다. 나에게 본질적으로 문제가 있는 것인지 진짜 상대를 보고 판단해야 한다.

그리고 나에게 어느 정도 마음의 여유가 있다면 호의를 가지고 말하는 사람의 비판은 귀를 기울여야 한다. 이러한 비판이라면 오히려 고맙게 받아들여야 한다. 진심으로 나를 아끼고 용기가 있어야 충언도 하는 것이다.

비웃음 받을
용기

세상의 체면이란 것도 '자의식 과잉'의 산물이 아닐까 한다. 일본의 에도시대江戸時代에는 '만일 빌린 돈을 갚지 못하면 사람들 앞에서 웃음거리가 되어도 좋다'라는 문구가 차용증에 쓰여 있었다. 그만큼 사람들에게 웃음거리가 되는 것을 죽기보다 싫어한 시대라는 것을 알 수 있다.

그런데 여기서 곰곰이 생각해보면 이 차용증을 쓴 사람도 심각한 '자의식 과잉'의 전형이라는 생각이 든다.

돈을 빌려준 사람이든, 빌린 사람이든 이토록 강한 자의식을 가졌으니 사람들 앞에서 웃음거리가 되는 것이 무엇보다 어기기 힘든 조건이 되리라는 것을 서로 공감했기 때문에 가능한 계약이다. 『세상 체면의 구조』[5]라는 책에는 이처럼 세상의 웃음거리가 되지 않는 것이 에도시대의 사람들이 지켜야 할 예의범절이었다고 기술하고 있다.

그런데 이것이 예의의 범주에 넣을 만한 특성일까?

'세상의 웃음거리가 되지 않는다'는 것은 자의식 과잉의 사람이 가지는 방어의 심리이다. 이러한 방어기제는 자아가 위협받는 상황이 되면 무의식적으로 자신을 감정적으로 보호하기 위해서 상황을 있는 그대로 보지 않거나 자신 스스로는 속이는 것이다. 실제의 자신이 드러날까 봐 몹시 두려워하는 사람들이 쓰는 방법이 바로 '웃음거리가 되지 않는 것'이다.

4장

진짜 용기는
나를 넘어서는
것이다

꾸미지 말고 그것이 되라

나는 너무 나약한데
그들은 너무 강해

남들에게 칭찬받는 것을 누구보다 좋아하면서 막상 칭찬을 받으면 부끄러움을 넘어 공포감을 느끼는 사람들이 있다. 이들은 자신의 자아상自我像이 성장기에 겪은 혼란 때문에 '나는 타인에게 사랑받을 수 없으며, 본래의 내 모습은 긍정될 수 없다'는 스스로가 만든 허상을 가지고 있을 가능성이 높다. 이러한 자신이 만든 허상과 타인의 칭찬이 부딪혀 부끄럽고 당황스러운 것이다. 만일 그 칭찬이 자신이 만든 자아상과 조화로웠다면 자연스럽고 거리낌 없이 수용했을 것이다.

또 다른 원인으로는 칭찬이란 독립적이고 개별화된 개인의 특성을 강조하는 경우가 많은데 그들은 심리적으로 종속적이고 지나치게 의존적이기 때문에, 그처럼 구별되는 것에 불안을 느낀다. 이러한 현상을 오스트리아의 정신분석학자 지그문트 프로이트Sigmund Freud는 '구순 성격장애'라는 용어로 설명하였다.

이것은 태어나서 '세 살 무렵의 구순기口脣期의 욕구가 채워지지 않았을 때 지나치게 의존적이거나 욕심이 많고, 이른바 가득 채워지기를 요구하는 경향을 가진 성인으로 자란다'는 이론이다. 이들의 특징은 먹거나 마시거나 말하는 등의 행위로부터 만족감을 얻는 성격 발달의 초기 단계에 머물러 있는 상태로, 남들과 구별되거나 개별적인 존재로 인정받는 것에는 당연히 어색할 수 있다. 여전히 수동적이고 복종적이며 의존적이기 때문이다.

자연스러운 욕구가
불편해진 이유

우울증 환자가 타인에게 받는 칭찬을 심리적 불안으로 받아들이는 것도 모든 책임에서 벗어나 온전히 보호받고 싶은 수동적이고 종속적인 유아기적 심리가 여전히 남아있기 때문이다. 사춘기의 섭식장애의 경우도 자신의 욕구가 충분히 채워지지 않아 스스로 욕구를 잠재우려는 심리가 강해져서 발생한다. 실제로는 얻기를 바라고 받기를 갈망하지만, 현실에서 무시당하고 실망하기 때문에 그 욕망을 의식적으로든 무의식적으로든 억압하는 심리가 발달한다는 것이다.

이렇듯 부모로부터 충분한 사랑을 받지 못한 아이는 자신의 자연스러운 욕구에도 매우 불편한 심리상태를 경험하게 된다. 이것은 어린 시절, 진심 어린 자신의 욕구를 끊임없이 부정당하며 실망하여 얻게 된 마음의 상처를 치유하지 못했기 때문이다. 이들은 자신의 자연스러운 욕구를 무의식의 세계로 밀어버리거나 그것을 표현하는 것을 스스로 검열하게 된 것이다.

전쟁터에는
스위트룸이 없다

이솝 이야기 중에 『당나귀와 말』이란 이야기가 있다. 당나귀가 말을 보고, 자기는 힘든 일을 도맡아 하지만 먹이는 충분히 얻어먹지 못하는데 말은 먹이를 충분히 얻어먹으면서도 편해 보인다는 불평을 한다. 그런데 전쟁이 일어나자 말은 전쟁터에 끌려나가 상처를 입고 쓰러졌고 당나귀는 그런 말을 불쌍하게 생각하게 되었다는 이야기이다.[6]

'행복'은 표면적으로는 알 수 없는 것이다. 한 고등학교 동창은 모두에게 부러움의 대상이었다. 그는 파리에서 활동하면서 고급주택가에 살았고 사람을 만날 때는 호텔 스위트룸을 주로 이용했다. 그 외에 장소에서는 만나주지도 않는다는 소문이 돌 정도였다. 하지만 나중에 안 사실은 그의 인생이 기를 쓰고 무리하는 삶이었다는 것이다. 그 결과 암이 발병했고 불행하게도 젊은 나이에 요절하고 말았다.

이처럼 화려하게 보이는 사람도 무너지는 경우가 있다.

무너지는 자신의 모습을 감추기 위해 이들은 더욱더 화려하게 보이려고 애를 쓴다. 그런데 사람들은 그 화려한 겉모습을 보고 부러워하며 질투를 한다. 하지만 자신을 영화※※로 꾸몄을지 모르지만 어쩌면 전쟁터에 나가 상처를 입고 신음하고 있을지 모르는 일이다.

또한 자신을 100이라고 사람들에게 말하지만 자기 스스로는 50밖에 안된다고 생각하는 사람들이 있다. 이런 유형의 사람들도 혹시 무시당하지 않을까 걱정하여 여유롭고 편안한 태도로 다른 사람들을 배려하지 못한다. 오히려 부지런히 자신의 이미지를 관리하고 들키지 않기 위해 온갖 신경을 곤두세우고 자신의 정체를 숨기기에 바쁘다.

혹시 사랑하는 사람이라도 생기게 되면 이들은 더욱 필사적으로 애쓴다. 사랑이 깊어질수록 심리적 불안도 따라 커진다. 초라한 자신이 드러나 관계가 끝나버릴까 걱정하기 때문이다. 이런 스트레스가 쌓이면 결국 만남은 즐거운 경험이 아니라 살얼음을 걷는 듯한 긴장감의 연속이 된다. 이러한 심리는 사람을 지치게 만들며 상대와 실제로 만나기 전부터 느끼는 불안감으로 정신적, 심리적,

육체적 피로를 호소하기도 한다. 이런 불안을 '예측 불안' 또는 '기대 불안'이라 한다.

기가 빠졌다면
이미 진 게임이다

상대와 만나기도 전에 나의 결점이 신경 쓰이기 시작하는 것은 좋은 징조가 아니다. 피곤한 것이 새로운 사람을 만나서가 아니라 나의 약점과 새로운 기 싸움을 해야 한다는 사실 때문이다. 예를 들면 소개팅을 하게 되었는데 먼저 얼굴이 빨개지는 것이 신경 쓰이면 기대보다는 걱정이 앞설 것이다. 이러한 염려에 더하여 앞서 언급한 대로 예민한 사람들은 자신의 약점이 스스로 난처하게 만들지 않을까 온갖 스트레스를 받는다.

누군가와 이야기를 나눌 때 자신이 가진 부끄러움에만 온통 신경을 쓰면 잠시라도 편안한 마음일 수가 없다. 사실 상대는 그런 마음을 전혀 눈치채지 못한대도 말이다. 얼굴이 홍조가 되든 말든, 그런 사소한 일로 사람을 싫어하게 되거나 관계를 끊어버리는 사람은 없다.

하지만 자신을 긍정하지 않는 사람은 모든 일에 '이렇게 되면 반드시 저렇게 될 거야'라는 예상을 지나치게 확신한다. 이것이야말로 현실과 관계하지 않는 허상의 날갯짓이다. 또한 상대의 마음을 추측하는 기준조차도 자기중심적이어서 상황을 반영하지 않는 경우가 많고 실제로 '그렇게 되었다' 해도 미움을 받거나 무시당하는 일도 드물다.

예를 들어 사랑하는 연인을 만날 때마다 '이렇게 하다가 나를 미워하면 어쩌지?'라는 생각을 하다 보면 그 긴장감에 정신적, 육체적으로 피곤해진다. 상대에게 느끼는 애정이 클수록 이러한 스트레스는 더욱 심해진다. 그리고 에너지가 소모되는 것 이상으로 문제가 되는 것은 긴장 때문에 그 사람이 본래 갖추고 있는 장점도 보여줄 수 없다는 것이다. 매력 발산은 물론 상대를 즐겁게 하는 화술도, 솔직한 성격도, 따듯한 배려도 모두 사라져버린다.

하지만 이들이 신경을 쓰는 만큼 약점이 서로의 관계에서 크게 문제가 되지 않는다. 오히려 지나치게 신경을 쓰는 점이 심각한 문제를 일으킨다. 자신이 부족하단 생각 때문에 상대와 동등한 관계를 이뤄나갈 수 없으며 상대에게 필요 이상으로 얽매이거나 매달리는 형국이 되기 쉽다. 그에 더해 솔직하지 못하고 괜한 심술마저 부리면서 방어적인 태도를 보이면 상대로부터 사랑받기가 더 힘들어진다.

인간은 인간으로서 사랑받는 것이다. 조건 때문에 사랑받는 것이 아니다. 자신의 약점 때문에 미움을 받는 것이 아니라 그것을 부정하고 감추려고 허세를 부리기 때문에 미움을 받는 것이다. 약점 그 자체가 서로의 관계에 나쁜 영향을 주는 일은 오히려 드물다.

글래머는 몸매가 아니라
마음의 넉넉함이다

상대에게 하고 싶은 말을 모두 한다고 해서 미움받는 것이 아니다. 오히려 내 모습을 있는 그대로 보여줄 때 사랑도 오는 것이다. 자기가 듣고 싶은 말만 해주기를 바라는 사람과는 모르는 편이 낫다. 사람은 누구나 약점을 가지고 있으며 서로의 약점을 받아들이고 참아줄 때 비로소 진정한 친구 또는 연인이 된다.

'이렇게 하면 나를 싫어하고 미워할 텐데'라는 불안감이 아니라 '이 정도는 이해해주고 공감해 주겠지'라는 안도감이야말로 친구나 연인이 갖춰야 할 기본 조건이다. 그리고 그 안도감이 이상적인 자아상으로 사랑받으려는 불필요한 노력에서 해방시켜 준다. 이러한 가치관은 아마도 어린 시절 공부만 잘하면 항상 '대단하네'라는 칭찬을 받고 자랐기 때문에 생긴 전근대적 사고이다.

나는 다음 이야기로 이러한 상황을 설명하고자 한다. 자신의 몸매에 자신이 없는 여자가 있었다. 그래서 '나는 몸매가 빈약하다'라는 열등감을 가지고 있었다. 그리고 몸매에 항상 신경이 쓰였다. 그래서 사랑하는 사람이 생겼을 때 자신의 빈약한 몸매를 숨기고 싶었다. 사실 좋아하는 마음이 점점 더해갈수록 더욱더 숨기고 싶어졌다. 하지만 숨길 수 없는 상황이 되자 그녀는 자신의 약점을 만회하기 위해 자신이 '지적인 여성'이라는 것을 강조하기 시작했다. 결국 '풍만한 여성을 지적이지 않다'는 주장을 하며 자신의 지성을 과시하기에 이르렀다. 그녀는 사회적 편견을 자신을 정당화하는데 끌어온 것이다.

그녀는 이러한 주장에 반기를 드는 주변 사람들에게
점점 방어적으로 대처했다. 결국은 '여성은 모두 지적이
어야 한다'는 주장을 펴기 시작하였다. 그리고는 지적으
로 보이지 않는 여성을 무시하기에 이르렀다. 게다가 남성
에게도 똑같은 원칙을 적용해 '지적이지 않은 남성'은 매력
이 없다는 논리를 세웠다. 남성이 동의하지 않는다고 느껴
지면 결국 불안한 마음에 "당신은 여자 마음을 몰라"라며
애인에게 소리치고 투정 부리며 화를 냈다.

그러나 애인도 사람인지라 불안한 그녀를 언제나 감싸
주기에는 한계에 다다르게 되었고 그녀는 더욱 예민해졌
다. 결국 그나마 남아있던 그녀의 유쾌하고 밝던 성격마저
사라지고 우울하고 예민한 성격만이 남게 되었다.

사실 그녀의 남자는 풍만한 몸매가 여자의 가치 기준이
된다고 생각하지 않는 편이었다. 그녀가 일부러 자신의 빈
약한 몸매를 숨기려 하지 않았다면 오히려 원만한 연애 감
정에 이르렀을 것이었다. 하지만 그녀는 자신의 약점을 스
스로 확장하고 감춰야 사랑받을 것이라 해석하며 일방적으
로 상대의 생각을 호도^{糊塗}했고 그 결과 관계가 걷잡을 수 없

이 꼬이게 된 것이다. 결국 그녀는 자신의 열등감으로 관계를 망쳐놓고도 남성이 사랑이 식어 자신을 멀리했다고 생각한다. 그리고 마음속으로 역시 '연애를 할 때 여자의 몸매가 핵심이야'라는 자기 생각을 더 믿게 된다. 반복하여 데이트가 실패할 때마다 그 신념은 굳어지며 결국은 현실과 괴리된 자신만의 허상에 단단한 확신을 가지고 살게 되는 것이다.

내가 나를 모르는데
난들 너를 알겠느냐?

열등감이 강한 사람에게는 '상대가 문제를 어떻게 바라보는가'는 중요하지 않다. 누구에게나 자신만의 우선순위가 있다. 우선순위란 어떤 일에 대해 가지는 관점과 온도의 차이로, 내게는 중요한 일도 상대에게는 별 의미가 없는 경우가 있고 내가 지나치는 것에도 상대는 주목할 수 있는 것이다.

그러나 자신을 긍정하지 못하는 사람은 바로 이 점을 알지 못한다. 누구를 막론하고 어떤 일에 한결같은 반응을 기대하기 때문에 여러 가지 오해를 불러오는 것이다.

'나에게 중요하지만, 상대에게 중요하지 않은 것'이나 '나에게도 상대에게도 중요한 것'을 할 때 상대의 반응은 다를 수 있다는 것을 이해하지 못하면 인간적으로 성숙한 관계를 만들어내기는 힘들다.

상대의 우선순위와 가치관을 모른 채 오로지 자신이 어떻게 받아들여지는지에만 신경을 쓴다면 그것은 상대를 배려하는 것이 아니다. 또한 상대의 평가에만 매달려 좌지우지되는 것도 자신에 대한 올바른 평가방법이 아니다. 그것은 그저 상대로부터 바보 취급당하지 않기 위해 노력하거나 소외당하거나 미움을 받지 않으려고 애를 쓴다는 의미일 뿐이다.

이것은 오히려 '자기 집착'이라 말할 수 있다. 상대의 관점과 우선순위를 배려해서 나의 모습을 걱정하는 것이 아니라 단지 내 모습이 어떻게 보이느냐에 집착하기 때문이다. 다시 말하면 상대의 관점이 아니라 내가 어떻게 보이고 싶은가에 방점이 찍힌다는 사실이다. 이렇게 자기 집착이 심한 사람에게는 여러 가지 문제가 따라다닌다.

왜냐하면 사회생활에서 상대가 나를 어떻게 평가하고 있는지를 제대로 판단하는 것이 관계 설정에 도움이 되기 때문이다. '내가 생각하는 내 모습과 상대가 생각하는 내 모습이 다를 수 있다'는 점을 의식하고 행동하는 것은 관계를 유지하는데 매우 중요하다. 이 점을 알고 있으면 사람들과 큰 문제는 생기지 않는다.

오히려 큰 문제는 상대가 자신을 어떻게 평가하고 있는지를 잘못 해석할 때 일어난다. 자신의 귀에 달콤한 말을 계속해주는 사람은 불순한 목적이 있는 경우가 많다. 그런데 그것을 존경받는 것으로 착각한다면 어떻게 될까? 문제는 이런 것에서 시작된다.

필자 또한 타인이 보는 내 모습을 제대로 이해하게 되면서부터 여러 가지 골칫거리들로부터 빠져나올 수 있었다. 중요한 사실은 타인이 바라보는 나의 진짜 모습을 명확히 알아야 한다는 점이다.

애드리브도 과하면
유치해진다

'상대는 분명 이러한 모습의 나를 원하고 있어'라는 독단적인 생각에 사로잡혀 있는 사람은 상대가 마음을 다해 '있는 그대로의 당신이 좋아요'라고 말해도 현실의 자신에 대한 부정적 시선을 거두지 않는다. 집요하게 '스스로 생각하는 이상적인 자신'에 매달린다. 스스로가 만든 내가 꿈꾸는 이상적 자아상을 버리지 못하는 것이다. 왜냐하면 그것이 마음을 지탱하고 있는 유일한 버팀목이기 때문이다. 그러한 이상이 실현될 때 자신이 가진 모든 고민이 해결될 거라 믿는 것이다.

충분한 사랑과 배려를 받고 자라난 사람들은 '이상적 자아상'에 집착하지 않는다. 또 진심으로 사랑하는 사람이 생기면 마음의 의지가 되어 더는 '이상적 자아상'에 몰두하지 않는다. 하지만 자신을 긍정하지 않는 사람이나 대인관계에 어려움을 느끼는 사람일수록 끊임없이 멋진 인간을 연기하며 인정받기를 원한다. 사람들 앞에 나서기를 두려워하거나 소심한 사람일수록 이러한 경향이 심해진다. 그렇지 않으면 소외당하고 미움을 받으리라 생각하는 것이다.

완벽한 인간을 연기하려는 이면에는 '부족한 인간은 미움을 받는다'라는 잘못된 확신이 있다. 이와 마찬가지로 자신 스스로 완전하다고 느껴지지 않으면 견디기 힘들어한다. 이렇게 된 이유는 본래 자신의 모습을 긍정하지 않기 때문이다. 이들은 있는 그대로의 자신을 멸시한다. 이들에게 타인의 호의적인 평가를 그대로 받아들이는 것은 어려운 일이다. 사람들 앞에 나서는 것을 두려워하는 사람은 '자신에게는 보이지 않지만, 상대에게 보이는 자아'가 존재한다는 것을 알지 못하는 경우가 많다. 아무리 완전한 척 연기를 해도 누구도 당신이 멋지다고 생각하지 않는다는 것이다.

매사에 최선을 다하고 무리를 해서라도 그렇게 보이려 노력하는 사람도 마찬가지이다. 주위 사람의 눈에는 그의 과도함이 느껴진다. 자신을 좋게 보이려고 무리한다는 게 눈에 보이는 것이다. 이 점을 깨닫는다면 사람들 앞에서 '완전한 자신'을 연기하려고 노력하지 않을 것이다.

미끼는 언제나
먹음직스럽다

사회생활에서 중요하게 여겨야 할 것은 '상대가 나를 어떻게 볼까?'에 대한 명확한 판단이다. 소심하고 부끄러워하는 사람은 상대가 나를 부정적으로 본다고 생각하기 쉽다. 자신 스스로가 그렇게 판단하고 믿어버리는 성향이 있는 것이다.

이런 사람들의 특징은 상대를 바라보지 않고 이해하려 들지 않는다. 그것은 곧 실재하는 현실을 바라보지 않는 것이다. 상대가 존경심을 가지고 대하는데도 오히려 불만을 품고 있다고 생각하거나 상대는 적의가 전혀 없는데도 공격받고 있다고 느끼는 것이다. 그래서 두렵고 그러한 두려움에 아무런 근거가 없는데도 그것은 실제로 그를 괴롭힌다.

상대가 선의를 갖고 있을 때조차 적의가 있다고 오해를 한다는 것은 그가 현실의 세계가 아닌 허상의 세계에 살고 있다는 것을 의미한다. 있지도 않은 적을 점점 이길 수 없는 괴물로 키워내고 있는 것이다.

정말로 위험한 사람들은 이러한 심리를 읽고 그것을 이용하는 사람들이다. 그들은 인정과 사랑을 원하는 사람들에게 관심이라는 미끼를 던지고 애정과 존중을 베푸는 척 다가오다가 뒤통수를 때린다. 정년퇴직한 순진한 사람들에게 장밋빛 희망을 제시하면서 퇴직금을 빼앗아 달아나는 사람들은 십중팔구 부드럽고 신뢰감을 주며 확신을 가진 사람처럼 보였을 것이다. 내가 보고 싶은 것만을 보거나 듣고 싶은 것만을 들을 때 우리는 쉽게 속아 넘어갈 수 있다.

눈먼 쥐는
자신이 사자라고 착각한다

세상에는 자신은 쥐에 불과한데 상대에게는 사자로 보이고 싶어 하는 사람들이 많다. 이기적인 사람들은 그가 쥐인 것을 알면서도 '당신은 위대한 사자군요'라고 아첨한다. 놀라는 표정을 지으며 칭찬하고, 엄지를 치켜세운다. 그들은 그가 어떤 말을 듣기 원하는지를 귀신같이 안다. 이러한 알랑거림은 마약과도 같아서 자신을 긍정할 줄 모르는 사람의 마음속으로 신속히 퍼져 달콤한 기분으로 장밋빛 미래를 꿈꾸게 한다. 말 그대로 녹아내리는 것이다. 자신이 인정하지도 구별하지도 못했던 자신의 약점이 사기꾼들의 눈에는 유난히 띄는 것이다. 그래서 문제가 커지는 것이다.

사자처럼 용맹해지고 싶지만 아직은 쥐처럼 숨을 곳을 찾는 자신을 인식하게 되면 상대를 경계하며 관찰할 수 있다. 자신이 어떤 존재인지 스스로 알고 있으면 되는 것이다. 문제는 자신의 진정한 내면을 알지 못하는 사람에게 일어난다.

타인과 의사소통에 문제가 있는 사람이 원만한 의사소통을 위해 다음 두 가지를 깊이 생각해 보아야 한다.

첫째, 정말로 지금의 나는 내가 생각하는 나인가?

둘째, 사람들은 지금의 나를 내가 생각하는 나로 알고 있는가?

자신을 긍정하지 않는 사람은 '내가 상대에게 좋은 인상을 주고 있는가? 그렇지 않은가?'에 따라 자신의 가치가 결정된다고 믿는다. 이처럼 모든 것을 자기중심적으로 해석하면 잘못된 판단을 하기 쉽다. 현실의 상대를 바라보고 여유로운 시선으로 이해하려 하지 않기 때문에 현실과 동떨어진 판단을 하는 것이다.

자신을 긍정하지 않는 사람은 실제의 자연스러운 자신의 모습이 상대에게 불쾌감을 준다고 오해한다. 이런 착각은 상대에게 좋은 인상을 주고자 했던 행동이 오히려 불쾌감을 불러일으키고 실수했다고 생각했던 행동이 오히려 호감으로 돌아오는 경우를 설명해 준다. 내 의지대로 상대가 반응해주지 않는 것이다.

이처럼 현실을 보지 않고 스스로 만들어낸 허상의 세계란 그 어디보다도 무서운 곳이다. 하지만 지혜란 사물을 있는 그대로 보게 하는 능력이다.

보이는 것을 넘어 그 본질을 꿰뚫어 보는 것을 '통찰력'이라 한다. 있는 그대로의 상대를 바라보고 나의 허상을 꿰뚫어 보는 것이 두려움을 이기는 방법이다. 하지만 자기의 욕망과 기준을 중심에 놓고 사물을 바라보면 있는 그대로의 세계를 파악할 수 없고 그로 인해 잘못된 방향으로 목표를 잡기가 쉽고 결실을 보기가 어려운 것이다.

복어가 몸을 부풀리면
나아가기 어렵다

열등감이 심하면 배우자에게까지 자신의 약점을 숨긴다. 여든을 바라보는 지인 중에 부인에게 아직도 자신의 약점을 숨기고 사는 경우를 보았다. 하지만 자신의 약점을 편하게 말하는 사람은 상대도 편하게 만든다. 자신의 약점을 숨기고 자신을 크고 대단하게 보이려는 사람은 오히려 상대를 불편하게 만든다.

끊임없이 타인에게 자신의 모습을 꾸며대는 사람은 자신이 어떻게 보일지 신경을 쓰지만 정작 자신의 어떤 점이 상대에게 호감을 얻는지 모르는 경우가 많다. 또한 적잖이 오해하는 경우도 많아서 상대를 당황하게 만들기 일쑤다. 걸핏하면 매사에 '사람들이 말은 그렇게 해도 분명 이렇게 생각하겠지!', '이렇게 되면 큰일인데, 사람들이 나를 싫어하겠네'와 같이 상대의 생각을 자신의 관점대로 해석하는 것은 나쁜 습관이다.

자신을 긍정하지 않는 사람일수록 상대의 마음이 부정적으로 꼬여있다는 식으로 해석하는 경향이 있다. 그래서 대화가 줄어들게 된다. 상대를 믿을 수 없고 자신의 결점도 들키지 않으려다 보니 점점 의사소통에 소극적이 되는 것이다.

자신감을 잃으면 온 세상이 나의 적이다

상대의 마음을 일일이 신경 쓰며 해석하고 예측하는 것은 불안하기 때문이다. 자신이 인정받고 있는지, 소외당하고 있는지 늘 불안한 것이다.

또한 상대에게 친절한 호의를 표하고 싶지만 어떻게

해야 할지 모르는 경우가 많다. 내가 이런 행동을 하면 상대가 오해하고 부담을 느끼지는 않을까 걱정이 된다.

그 이유는 상대에게도 내가 호감인지 자신이 없어서이다. 그리고 상대와 교감이 이루어지는 것 자체에 부담을 갖는다. 누군가와 따뜻한 교감을 나누고 편안한 분위기를 누리는 것은 이미 그런 것들을 경험한 사람에게는 어렵지 않다. 하지만 어린 시절, 누군가와 소중한 관계를 맺어본 적이 없는 사람에게는 자신 있게 관계를 시작하는 것은 어려운 일이다.

또한 자신감이 부족한 사람은 문제를 해결해 나가지 못한다. 수동적으로 남의 눈치나 볼 뿐이다. 관계를 설정하고 이끌며 제안하고 실행하는 모든 인간관계의 역할이 쪼그라든 자신감으로는 어려운 것이다. 그러므로 이들은 상대의 반응을 지나치게 예민하게 받아들인다. 상대에게 관심받는 것조차 너무나 부담스러워 안절부절못한다.

가장 큰 실수는
실수를 두려워하는 것이다

아이의 입장에서 자신감을 얻는 시간이란 어떤 시간일까? 당연히 마음이 편해지는 시간일 것이다. 자신에게 약점이 있지만, 부모는 그래도 자신을 사랑한다는 확신이 생기는 그런 시간 말이다.

'난 뛰어난 아이가 아닐지 모르지만, 부모님은 나를 사랑해'라고 느낀 아이는 억만장자보다 더 큰 행복을 느낀다. 억만장자의 재산도 아이에게는 자신감의 근원이 되지 못한다. 상대는 '진정한 내 모습' 이상을 기대하지 않는다는 사실을 깨닫게 될 때 아이는 스스로 편안한 마음을 갖고 안심할 수 있다.

이러한 편안함의 체험이 쌓이면서 자신감이 만들어지면 아이가 어른이 되어서도 확신을 잃지 않고 살아갈 수 있다. 자신감과 안도감이 있으면 사람은 적극적으로 일을 할 수 있다. 자신을 긍정하기 때문에 자신의 능력을 키우는 일에 적극적으로 도전하는 것을 두려워하지 않는다.

그러나 자신이 이미 이룬 것으로 인정을 받고 있다고

생각하는 사람은 실패를 두려워해 새로운 일에 도전하지 못한다. 아무리 재능을 타고났다 해도 확신이 없는 사람은 자신감을 가지고 그 꿈을 밀고 나가지 못한다. 자신감이란 '나는 완벽하다'는 확신이 아니라 나는 본래 가치가 있어서 그것을 갈고닦아 빛날 수 있다는 생각이다. 약점이 있어도 결국 넘어설 것이라는 강한 의지이다.

이러한 자신감은 아이가 운동회에서 1등을 했다고 해서 얻는 것이 아니다. 또 1등을 차지한 아이에게 '잘했다!'라는 부모의 평가가 자신감을 만들어 주는 것도 아니다. 꼴찌가 되어도 안아주고 격려해주는 부모로부터 아이는 자신감을 얻는다.

3등을 했는데 "3등이 어디야, 잘했어! 엄마 아빠는 기뻐!"라는 부모의 따뜻한 감정으로부터 아이는 자신감을 얻는 것이다. 아이는 부모의 평가가 아닌 하나의 인간으로서 사랑받고 칭찬받기를 원한다.

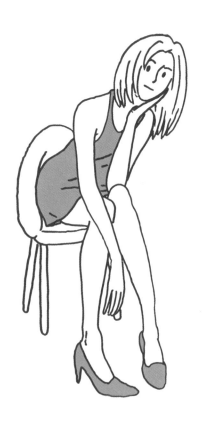

빈부는 소유가 아니라
존재에 의해 결정된다

세상을 살아가다 보면 언제나 예상치 못한 고난과 역경을 만나게 된다. 그렇기 때문에 인생을 의욕적으로 살아가려면 자신감이 꼭 필요하다. 하지만 이러한 자신감은 내가 완벽해서 무엇에도 부족하지 않을 것이라는 사실에 기초한 자만과는 다른 힘이다. 그것은 곧 자신의 부족함이 드러나면 사그라질 동력에 불과하다.

친구를 사귀는 것도 마찬가지다. 진정한 친구란 어쩌면 결점투성이라도 자신감으로 똘똘 뭉친 두 사람의 만남이라 해도 틀린 말이 아닐 것이다. 친구란 상대가 완벽해서 유지되는 관계가 아니다. 오히려 부족하고 못났어도 매력이 넘치는 사람이라는 것을 아는 관계이다.

그러므로 사랑을 나누는 친밀한 사람들에게는 단순히 장점만이 관계를 의미 있게 만드는 요인은 아니다. 이 점을 완벽해야 사랑받는다는 생각을 하는 사람은 이해하지 못할지도 모르겠다. 하지만 어떤 사람을 좋아하게 되는 것은, 그 사람이 세상의 기준으로 볼 때 대단한 것이 있어서가 아니다.

사실 자신이 소유한 것으로 누군가의 영혼에 깊은 울림을 주기란 불가능하다. 오히려 부족하고 어설퍼 보이는 순수한 모습이 인간적인 호감으로 다가오는 것이다. 이러한 내적 매력은 두 사람이 서로 공감하고 일체감을 가지며 연대하는 것을 가능하게 한다. 하지만 열등감으로 똘똘 뭉친 사람은 '친근감'이나 '인간적 호감'을 제대로 이해하지 못하고 있다고 말할 수 있다.

불완전함이란
진정성의 표시이다

사회적 명성을 얻고 수많은 재산을 가졌지만, 약물에 의존하다 외롭고 쓸쓸하게 최후를 맞이하는 사람들을 뉴스를 통해 심심찮게 볼 수 있다. 이처럼 대중적인 인기를 누리면서도 개인적으로는 불행한 삶을 살았던 사람들을 우리는 쉽게 떠올릴 수 있다. 이것은 진실한 사랑을 나누는 요건으로 사회적 명성보다 가까운 사람들과 좋은 관계를 갖는 것이 더 중요함을 알려준다. 진정으로 친밀해야 할 사람들과 함께 어울리지 못하면 삶이 어려워질 수 있음을 말해주는 것이다.

친밀해진다는 것은 내가 어떤 위치에 있는가가 중요한 문제는 아니다. 상대가 나를 어떻게 느끼는가의 문제이다. 이는 나만의 문제도 아니다. 사실 친밀하게 느낀다는 것은 상대의 약점을 포함하여 그 사람의 전부를 좋아한다는 증거이다.

당신은 외면받는 것이 두려워 있는 그대로의 자신을 숨기려 한다면 상대방은 '당신의 약점까지도 사랑스럽게' 바라볼 기회가 없다. 우리는 완벽한 사람이나 완벽을 연기하는 사람들에게 친밀감을 느끼지 못한다. 자신과 같은 약점이 있고 사소하지만 똑같은 문제로 고민하는 평범한 사람들에게 더 없이 공감하고 유대감을 느끼는 것이다.

감정에도
내진설계가 필요하다

상대와 친밀감을 공유하지 못하는 사람은 상대방과 언쟁을 하는 것만으로 관계가 무너지지 않을까 걱정한다. 그래서 될 수 있으면 언쟁이나 갈등이 생길 만한 상황을 피한다. 사소한 말다툼까지도 진지하고 심각하게 받아들이는 것이다. 그러나 자신이 '말다툼'이라 느끼는 것을 상대도 똑같이 느끼지 않을 수 있다. 똑같은 경험을 어떤 이는 '최후통첩'이라고 느끼고 어떤 사람은 '의사소통의 한 형태'라고 느끼기 때문이다.

"요즘 그 사람과는 어때요?"라는 질문을 연인들에게 한다면, 두 사람이 똑같은 대답을 하는 경우가 얼마나 될까? 아마도 심리적으로 안정된 사람과 그렇지 않은 사람이 각각 다른 대답을 할 가능성이 크다. 우선 싸우는 횟수에 대한 생각부터 다를 수 있다.

자신을 긍정하지 않는 사람은 '의견이 달라도 여전히 조화롭고 평화로울 수 있다'는 사실을 알지 못한다. 또한 '상대가 나의 약점을 공격하지만, 여전히 나를 좋아할 수 있다'라는 사실도 이해하지 못한다.

이들은 사소한 결점을 지적받아도 깊은 상처를 받는다. 불쾌한 기분을 참을 수 없다. 사소한 말다툼이라도 하면 돌이킬 수 없는 강을 건넌 것으로 생각한다. 사소한 의견의 차이조차 마음속에 쌓아둔다. 상대의 작은 지적들을 마음의 수첩에 일일이 기록하는 것이다.

한 이혼남의 이야기를 하고 싶다. 이 사람이 연애할 당시에는 둘 다 행복한 듯 보였으나, 결혼 후 사소한 다툼으로 이혼하게 되었다. 어느 날 자녀 교육에 대해서 의견을 나눌 때 아내가 별 뜻 없이 "당신, 참 실망스럽네요"라고 말했는데 남자에게는 그 말 한마디가 큰 상처가 되었다. 그 말을 뱉은 쪽의 진지함과 받은 쪽의 진지함은 전혀 달랐다.

아내는 남편이 실망스러운 면이 있더라도 변함없이 좋았지만 남자는 아내가 실망스럽다고 말한 것은 자신이 싫어졌기 때문이라고 해석해버렸다. 싫다는 말을 다른 말로 한 것뿐이라고 생각한 것이다. 상대의 말을 어떻게 해석하여 받아들이느냐는 정말 중요한 문제이다. 상대가 한 말을 상대가 뜻대로 받아들여 해석하는 것은 누군가에게는 외국어를 이해하는 것보다 어려운 일인지도 모른다.

아내의 비판은 '사랑하지 않는다'를 의미하지 않았지만, 누군가는 성장 과정에서 비판은 곧 '사랑하지 않는다'는 의미로 배운 것이다. 그래서 '싫어졌다'는 말로 받아들였고, 결국은 '헤어지고 싶다'라는 의미로 해석하게 된 것이다.

자신의 존재를 거부당해 마음이 고립된 채 성장한 사람에게 비판은 '사랑하지 않는다'를 의미한다. 자신을 긍정하지 않는 사람이 상처받는 것은 어떠한 비판도 '사랑하지 않는다'라는 의미로밖에 받아들여지지 않기 때문이다.[7]

마찬가지로 내가 하는 말도 반드시 내가 생각하는 뜻 그대로 상대에게 전달되리라는 보장은 없다. 어떤 말이 상처를 줄지는 사람마다 다르다. 따라서 비난을 할 의도로 한 말이 아닌데 상대는 모욕감을 느낄 수 있다. "그런 말이 아니잖아? 그런 뜻이 아니었다고!"라는 대화가 오고 갈 수밖에 없다.

한 부서의 대리가 가벼운 뜻으로 회의에서 어떤 아이디어를 말했는데, 부장이 진지하게 "그 아이디어, 빨리 실행해주게나"라며 잔뜩 기대하는 경우가 있다. 어떤 수준과 정도로 이야기했는지가 정확히 전달되지 않았을 때 듣는 사람은 오해할 수 있는 것이다.

본래 어떠한 때, 어떠한 상황에서 사용해도 좋은 합당한 말이 정해져 있는 것이 아니다. 어떤 말을 해도 될지 말지는 어떤 상황에서, 누가 그 말을 사용하는지에 따라 적절했는지가 결정되는 것이다.

겁먹은 개가
크게 짖는 법이다

매사에 긍정적인 것은 좋은 것이고 유쾌한 성격도 좋은 것이다. 그래서 '밝고 즐거우면 사랑받는다'고 말한다. 그렇다고 어떠한 상황에도 이러한 성격이 통하는 것은 아니다. 누군가는 심각한 이야기를 하는데 옆에서 손뼉을 치며 웃고 장난을 치면 어떻게 될까?

같은 말이라도 특정한 상황 속에서는 서로 다른 의미로 오고 가는 것이 언어이다. 그러므로 타인에게 좋은 인상으로 남을지, 그렇지 않은지는 결과일 뿐이다. 우리가 아무리 노력한다고 해도 누구에게나, 언제나 환영받을 수 있는 언어를 구사할 수 없다. 그것을 목적으로 살아가는 것도 바람직하지 않다. 사람에게 좋은 인상으로 남겨질지는 여러 가지 상황이 관련되는 것이다. 그러므로 기필코 도달해야 할 목표가 되어서는 안 된다. 그것은 자신을 좁은 틀 속에 가두고 그 안에서 세계와 관계하려는 것과 같다.

자신을 긍정하지 않는 사람은 결과로 얻어지는 것을 목적으로 삼고 살아가고 있는 것은 아닌지 생각해 보아야 한다. 성장하며 뻗어 나가려는 이유가 아니라 그동안 부족했던 것을 채우려는 심리가 더 큰 것이다.

아무도 자신을 소외하지도, 배척하지도 않는데 스스로 무시당하고 있다고 결론 내리며 허세라도 떨어서 그것을 만회하려는 것은 큰 실수다. 다른 사람을 잔인하게 비난하여 자신의 결점을 감추려 하는 것도 비겁한 짓이다.

이토록 필사적이 되는 것은 사방에서 공격당하고 있다고 느끼기 때문이다. 자신이 완벽하고 멋지다는 사실에 의심을 품은 자들을 모두 적으로 간주하기 때문에 산위에 성을 쌓고 고단하게 지켜내는 것이다. 어쩌면 최선의 방어수단으로 다른 사람들에게 상처를 주는 것이다.

이들이 주변 사람들의 약점을 날카롭게 찾아내어 비판하고 조롱하고 원망하는 것을 가만히 살펴보면 자신의 이야기를 하는 경우가 많다. 자신의 약점이 타인에게 투영되어 보이는 것이다. 그래서 다른 사람들의 결점을 더 견뎌내지 못한다. 주변을 겁쟁이라 조롱하지만 정작 스스로가 겁이 나는 것이다.

이들이 무리에 끼지 못하는 이유는 자신을 다르게 봐주기를 바라며 과장하기 때문이다. 무리와 함께 있다면 약간의 차이를 가지고 핏대를 세우며 비난하지 않을 것이다. 하지만 자신은 달라야 하므로 같은 약점이라도 공격하여 차이를 만들려는 것이다. 이와 같은 헛된 노력은 비웃음만 살 뿐이다.

5장

매달린 손을 놓을 수 있는가?

내 던져진 자의 자유

천천히 걷고 느리게 생각하면 웃을 일이 많아진다

화를 터트릴 만한 상황에서도 어떤 사람들은 평상심을 유지한다. 같은 상황에서 이러한 차이는 어디서 오는 것일까?

예를 들어, 내가 운전을 하고 있다고 생각해 보자. 바쁜 아침에 교차로에서 신호 대기를 하고 있는데 앞차가 좌회전 깜빡이를 켜고 있다. 1차선에 서 있는 나는 직진 신호에 불이 들어와도 이 차가 좌회전으로 빠질 때까지 어쩔 수 없이 기다려야 하는 상황이다. 그런데 지나다 보니 그 교차로에 좌회전 금지 표시가 있다는 것을 알게 됐다. 순간, 아까 그 차가 생각나면서 화가 치밀어 오른다. 늦어진 것을 생각하면 짜증을 넘어 울화통이 터지는 것이다.

하지만 앞차의 운전자처럼 좌회전이 금지된 것을 미리 알지 못했다면 어땠을까? 그렇게 분노가 타오르지는 않았을 것이다. 똑같이 바쁠 때, 앞차 때문에 기다리는 똑같은 체험을 했다 해도 그것을 받아들이는 정서는 크게 달라졌을 것이다.

'앞차의 행위는 부당한 것으로 나에게 피해를 줬다'는 것을 깨닫는 순간 화가 치미는 것이다. 즉 같은 체험을 해도 주위 사람의 행동이 부당하다고 해석되면 반응하는 정서의 종류는 달라진다. 그런 점에서 자기를 긍정하지 않는 사람은 사실상 늘 화를 품고 산다고 해도 과언이 아니다. 주위 사람들에게 늘 불합리한 대우를 받고 있고 불공평하다는 느낌을 달고 살기 때문이다.

나는 미국에 학회 일로 자주 가는데 지구 반대편이기 때문에 아침과 밤이 뒤바뀐다. 이러한 시차에 적응하기란 쉬운 일이 아니다. 이곳이라면 멀쩡한 대낮에 새벽잠을 청해야 하는 상황에 직면하게 되는 것이다. 낮에는 쏟아지는 잠을 참아야 하고 밤에는 말똥거리는 현상을 한동

안 견뎌내야 한다. 이것은 자연스럽고 어쩌면 당연한 현상이다. 그런데 그곳으로 학생들을 데리고 갔을 때 어떤 아이들은 잠이 오지 않는다고 고민 상담을 신청했다. 그것이 과연 '고민'이라고?

그들에게 시차가 스트레스가 된 이유는 '밤이니까 자야 한다'는 관념을 버리지 못했기 때문이다. 하지만 똑같이 잠을 못 자면서도 '시차가 있어서 잠이 안 오는 게 당연'하다고 받아들이는 사람은 그것으로 스트레스받지 않는다. 잠을 못 자는 경험은 같지만, 그것을 받아들이는 정서가 다르기 때문에 한쪽은 스트레스가 되고, 다른 한쪽은 재미있는 경험이 되는 것이다.

이러한 반응은 어떤 일에 실패했을 때에도 마찬가지이다. '긴 인생에서 도전하다 보면 실패할 수도 있지'라고 생각하는 사람은 자신이 실패한 일을 크게 부끄러워하지 않는다. 하지만 신경이 지나치게 예민한 사람은 무엇인가에 실패했을 때 엄청난 심리적 고통을 겪을 수 있다.

허접한 어릿광대의
통제 불능한 분노

독일 출신으로 미국에서 활약하는 대표적인 여성 정신과 의사인 카렌 호나이Karen Horney는 신경증적 성격이론으로 유명하다. 이 이론은 기본적으로 불안감을 느끼는 사람이 갖는 욕구를 설명하는데 유효하다. 이들은 비현실적으로 자기중심적이고, 노력하지 않으며, 복수심이 강하다는 것이다.

이들의 특징은 자기중심적인 것을 주변 사람에게 뻔뻔하게 요구한다는 데 있다. 그들은 자신이 특별한 인간이라고 실제로 여긴다. 세계가 자기중심으로 돌아가야 한다고 생각하기 때문이다. 이런 생각으로 살아가면 화가 치미는 일이 당연히 많다. 매일매일 분통이 터져 견디기 힘들 지경이 된다.

'나는 특별히 주목받을 자격이 있어', '나는 특별히 타인에게 이해받고 대우받을 자격이 있어'라고 생각하는 것은 현실의 자신과 다른데도 말이다. 자신이 그리는 '위대한 인간'은 그의 머릿속에 이미지로만 존재하고 있을 뿐인데 자신은 그러한 위대함에 어울리는 대우를 받을 자격이 있다고 생각하는 것이다. 현실이 그러한 대우에 미치지 못하는 것이 당연한데도 늘 불공평하다고 화를 내는 것이다.

이런 사람은 아침에 일어나서 잠이 들 때까지 분노의 불길을 잡을 수 없다. 어쩌면 주위 사람들 모두 괘씸하다고 느끼는 것이 이상한 일이 아니다. 나이가 들어 어른이 되어가다 보면 자신의 어리광을 들어주는 사람은 세상에서 점점 자취를 감추게 된다. 만일 그들의 어리광을 받아주는 사람이 있다면 분명 음흉한 목적을 가진 교활한 사람들일 것이다.

예를 들면 식사하는 도중에 '식사할 때도 예의를 지키는 게 좋지요'라고 충언을 해주는 사람이 있다면 분명 그를 아끼는 사람일 것이다. 하지만 신경이 날카로운 사람은 그 말을 불편해하며 그렇게 말해 주는 사람을 적대하기 쉽다. 그렇기에 자신을 진정으로 아껴주는 사람들을 주변에서 모두 떠나보내는 것이다.

"역시 멋지시네요! 다른 사람과는 뭐가 달라도 다르다니까"라고 말을 해줘야 그 사람이 자신을 아낀다고 생각한다. 이렇게 느끼는 것은 상호 진정한 관계를 맺지 않기 때문이다. "이 옷, 딱 맞네요! 멋지십니다. 뭘 입어도 참 잘 어울린다니까"라는 말을 들어야 상대를 진짜 친구로 생각하는 것이다.

반대로 "오늘, 이 옷은 좀 아닌데, 스타일이 아니야. 지난번에 입었던 옷이 괜찮았는데"라는 말을 들으면 사실 여부에 상관없이 기분이 상하고 상대를 다시 만나려 하지 않는다.

거울에 보이는 것보다
가까이 있음

정서적으로 미숙한 사람은 일단 상대와 스스로가 친해졌다고 생각되면 과도한 기대를 하기 시작한다. 자신이 하는 일을 상대가 일일이 알아주고 이런저런 감탄사로 반응해 주기를 기대하는 것이다. 이러한 기대는 어느새 요구로 바뀐다.

사실상 어떤 사람이 해 놓은 일에, 평가와 의견을 내놓고 감탄사를 내는 일은 그리 쉬운 게 아니다. '어이쿠, 정말 잘하셨네요'라고 말하기는 너무 낯간지럽지 않은가? 그러나 이 사람들은 자신이 하는 일에 대해 상대가 항상 만족스러운 반응을 보여주기를 고대한다. 하지만 꿈은 항상 이루어지지 않는다. 아이를 달래주기 위해 남발하는 감탄사를 어른에게 해주는 사람은 많지 않을뿐더러, 일반적인 사람이라면 상대가 그러한 요구를 하리라고 생각하지 못한다.

자아도취에 빠진 사람도 이런 무리한 요구를 하는 경우가 많다. 가령 상대가 자기 일에 소극적으로 반응하기라도 하면 무시당했다고 느낀다. 그다지 대수롭지도 않은 일을 무척 대단한 일처럼 칭송하거나 주의를 기울여주지 않으면 언짢아하는 것이다. 심지어 이러한 요구가 충족되지 않으면 가슴에 분노를 쌓게 된다. 그러나 이러한 분노는 표면으로 드러나거나 의식되지 않을 때가 많다. 왜냐하면, 분노의 대상이 자신이 애정을 품고 있거나 따스한 관심을 베풀어주길 원하는 사람인 경우가 많기 때문이다. 애정을 품고 있는 사람에게 적의를 나타내기는 어려운 일이다. 그렇게 되면 화가 마음 한구석으로 밀려나게 된다.

그 결과 솔직해지지 못한다. 어쩐지 마음이 움직이지 않는 것이다. 성인들 간의 사회적 관계가 반항기의 부모와 자식 간의 관계로 변해가는 이유가 여기 있다. 심리적으로 성장하지 못한 사람과 가까운 관계를 유지하기란 여간 어려운 일이 아니다.

친밀한 관계를 이뤘다고 생각하면 큰 기대를 품고, 그 기대가 이뤄지지 않으면 오히려 적의를 품고, 그 적의가 상대에게 투영되어 항상 '나는 미움 받지 않을까?' 의심하고, 그래서 집요하게 애정을 확인하려 드는 것이 바로 상대에 대한 집착이다.

어리광과 사랑의
불편한 동거

우울증으로 고생하는 사람 중 대부분이 어린 시절에 어리광 피우는 것을 받아주지 않는 환경에서 자란 경우가 많다. 그렇게 배척당한 어리광은 마음속 깊은 곳에 웅크리고 있다가 그것을 받아줄 누군가를 기다린다. 문제는 언젠가 사려 깊고 친절한 사람이 나타나면 '나의 어리광을 받아주고 그 욕구가 충족되도록 행동해줄 것'을 요구한다는 것이다.

이런 사람은 불안할 때 그 요구가 더욱 커지며 그에 따라 불평 또한 심해진다. 동시에 '나의 이런 모습이 상대의 비웃음을 사겠지'라는 자책감도 늘어난다. 이렇게 되면 상대의 애정을 확인하려 드는 빈도가 높아지며 집착이 심각해진다. 혹시 상대가 조금이라도 기분을 상하게 하면 쉽게 참을성을 잃고 다투게 되는 것이다.

하지만 상대에게 화를 내면 그 다툼으로 인해 상대를 잃게 될 위험이 커지므로 직접 불만을 표현하지도 못한다. 그래서 말투가 어딘가 부자연스러워진다. 아무리 기쁜 일이 있어도 순수하게 드러내지 못하며 '고마워'라는 말도 입 밖으로 내길 어려워한다. '나는 이게 좋겠는데'라는 말 대신 '나는 뭐 괜찮지만, 그러면…'이라고 돌려 말한다. 사실 자신이 좋다면 그 이상 어떤 말도 필요치 않은데 말이다.

그들의 태도는 극단적으로 둘 중 하나이다. 구차해지거나 거드름을 피우거나. 자신이 하는 것을 대단한 것으로 자랑하거나 자신의 비참함을 강조하며 연민을 구하거나. 하지만 전부 역효과이다. 상대에게는 이 모든 것이 성가신 투정으로 보일 뿐이다.

자신을 사랑하지 않는데
다른 사람을 사랑한다?

　자신을 긍정하지 않는 사람은 신경증적 증상이 나타나기가 쉬운데, 이런 사람들은 너무 자기중심적이어서 상대의 마음을 읽지 못하는 경우가 많다. 이처럼 자신의 말에 상대가 얼마나 상처를 받을지 가늠하지도 못하는 이유는 상대의 마음을 헤아리려는 기본적인 태도가 부족하기 때문이다.

　이러한 태도의 부족은 관계를 처음 설정할 때, 자신의 목적을 이루기 위해 수단으로서 관계를 보기 때문이다. 즉 이익이 발생하지 않으면 그 관계는 무의미해진다. 그런데 그 이익이라는 게 자신이 그동안 채우지 못한 인정을 받고 사랑받으려는 욕구를 보상받으려는 심리이다. 그런데 이러한 동기로 움직이는 사람에게는 크게 두 가지 유형이 있다. 물론 두 가지 유형 모두 자립적이지 못하고 의존적이라는 점은 같지만, 그 표현 방법에 차이가 있다.

　한 가지 유형은 공격적인 독립심을 보이는 경우이다. 이것은 실제로 자립을 했다기보다는 자신의 적의 때문에 혼자 있으려고 고집을 피우는 경우다. 이런 사람들은 대부분 '누군가의 보살핌은 필요 없다'는 막무가내로 누군가의 배려와 보살핌과 정성을 제멋대로 무시하기 때문에 상대에게 상처를 준다. 이러한 공격성은 사실은 감춰진 적의가 표출되는 것이며 이러한 태도로 자신이 독립했다고 여기는 것이다.

또 다른 유형은 어른이 되어서도 영합적迎合的 성격을 보이는 경우이다. 이들은 매우 의존적이며 자신의 숨겨진 욕구를 채우려는 동기로 타인의 마음에 들기 위해 부단히 애를 쓰는 경우이다. 그러나 이들 역시 상대에게 상처 주는 일이 다반사며, 공격적인 독립형과는 달리 애정을 얻기 위해 고군분투하지만 본의 아니게 상처를 주는 경우이다.

이들은 상대가 자신의 마음처럼 움직여주지 않으면 자신의 마음에 불만과 불안을 키운다. 결국, 불만을 터트리고 불평을 쏟아내서 주변 사람들을 지치게 한다. 이렇게 되면, 주변 사람들과 의미 깊은 관계를 만드는 일이 어려워지고 주변에 좋은 사람들이 떠나면서 점점 고립된다. 이렇게 외로워지면 쓸데없는 사람들에게까지 필사적으로 호감을 얻으려고 노력하게 되는데 이렇게 마음에도 없는 행동을 거듭하는 악순환이 계속된다.

공격적인 독립심이 있는 유형이나 영합적인 유형 모두 결국은 자신을 놓지 않으려는 욕구로 인해 타인에게 상처를 주고, 외로움이라는 원하지 않는 결과에 이르게 되는 것이다.

껍데기로 살기에는
인생이 억울하다

상대가 바라는 것을 이루고자 하는 것이 인생의 유일한 의미가 되어버린 사람이 있다면 이보다 불행한 일도 없다. 이것이야말로 상대가 원하는 일도 아닐 것이며, 따라서 스스로가 오해하고 있는 경우가 많다. 이러한 관계의 기초는 사실은 두려움이다. 사람과 진정으로 가까워지려면 자기를 긍정하고 주체성을 가지고 접근해야 하는데 두려움으로 시작하는 관계가 건전할 리 없다.

이것은 아마도 어린 시절 부모와의 관계에서는 성공하

는 방식이었는지 모르겠다. 하지만 불만으로 가득 차 위협적인 분위기를 만들었던 부모로부터 배운 것은 자신의 솔직한 감정을 누르고 버림받지 않게 눈치껏 살아가는 것이었다. 이러한 방식으로 성인이 되어서도 대인관계를 맺는다면 분명 호감을 얻기가 어려울 것이다. 이런 사람이 관대하거나 자기희생적인 행동을 하는 경우가 있는데 사실 그 동기는 '자기 부재'이거나 '자기 집착'이다.

이 점에 관해서 정신분석학자이자 심리학자인 에리히 프롬Erich Fromm에 따르면 자신을 긍정하지 않는 사람들은 억울함, 피로감, 일에 대한 무력증, 애정 관계의 실패감 같은 증상을 경험한다. 사실은 이 모든 것들이 '자신이라는 존재감의 결여'에서 발생한다고 그는 결론 내렸다. 자기희생적인 행동을 하면서도 그 과정에서 정서적 부침도 겪는다는 것이다.

그런데 이들은 왜 부정적인 감정이 올라올 때까지 자신을 멈추지 못하는 걸까? 아마도 상대에게 '나는 이만큼 좋은 사람이다'라는 것을 내세우고 설득하기 위해서 하는 행동이기 때문이다.

모든 자기희생적인 행동에는 타인에 대한 애정이 가장

기본적인 동기가 되어야 할 것이다. 이처럼 자연스러운 심리는 앞서 말한 바와 같은 정서적 부침을 가져오지 않는다. 친밀한 관계라는 것은 상대에게 인정을 받고 호의를 얻는 것이 더는 중요한 문제가 되지 않으며, 눈치를 보며 상대에게 인정받으려고 애쓰는 관계는 더욱더 아니다.

하지만 제대로 된 친구 하나가 없다고 느끼는 사람에게 상대방에게 잘 보이고 호감을 얻는 문제는 매우 중요하고 크게 느껴져서, 무리해서라도 받아들여지려고 노력하게 되는 것이다. 이것은 끊임없이 면접관 앞에 서는 일과 크게 다르지 않으며 이 사람이 대인관계의 모든 면에서 스트레스를 받는 것은 당연하다.

자기 존재감이 부족한 사람은 쉽게 열등감을 느끼며 그러기 때문에 상대에게 자신도 매우 중요한 존재라는 것을 설득하는 것은 어쩌면 가장 중요한 문제가 되는 것이다. 하지만 그러한 자신을 바라보는 것도 또한 괴로운 일이다. 자신의 열등감이 더욱 선명해지기 때문이다. 더욱이 상대방에게 호감을 사려 행동하는 자신이 얼마나 한심한지도 깨닫는 것이다.

연애는 드라마가 아니라
다큐멘터리다

'타인이 바라는 것을 들어줌으로써 호감을 얻는 것'이
자신의 인생에 의미가 되어버린 사람은 정작 자신의 욕
구가 명확하게 무엇인지 구별해내지 못한다. 자신의 욕
망이 아닌 타인의 필요에 모든 주의를 쏟아왔고, 그것을
이뤄주는데 모든 에너지를 소모했기 때문이다. 안타깝게
도 이들은 상대의 바람조차 정확히 알지 못한다. 그것이
사실이라면 상대의 진정한 요구가 무엇인지도 모르면서
'그 요구를 들어주면 나는 버림받지 않을 거야'라고 확신
하는 것이다.

이런 유형의 사람들끼리 연애를 하면 어떨까? 아마 만
나면 서로의 마음에 들기 위해 그가 바랄 것 같은 자신의
모습을 열심히 연기할 것이다. 서로 '이렇게 하는데 마음
에 안 들어 하겠어?'라며 자신이 아닌 상대가 기대할 것
같은 남성 또는 여성을 연기하는 것이다. 그러나 한편으
로는 '지금 내가 잘하고 있는 거야? 마음에 들게끔 하는
걸까?'라며 걱정을 한다. 그래서 서로 자신의 약점에만

신경을 쓴다.

하지만 대부분의 경우에 자신이 예민하게 느끼는 그 약점이라는 것을 상대는 전혀 인식하지 못하는 경우가 많다. 만일 실제로 어떤 것이 치명적인 약점이라고 한들 상대는 그 약점을 바라보며 '정말 굉장한 약점이군'이라며 비웃지 않는다. 더욱 재미있는 사실은, 서로가 상대의 연기를 눈치채지 못한다는 것이다. 서로 연기를 하다 보니 상대를 살필 여유가 없고 그의 진짜 마음을 알 수 없으니 진정한 관계로 나아가기 어렵다. 상대방에게 비호감으로 보일까 봐 '내가 아닌 나'를 연기하고 있음도, 상대도 나만큼 불안한 상태라는 것도 눈치채지 못하는 것이다.

매달려 있는데
손을 놓으라니

다른 사람에게 호감을 얻는 것을 인생의 목표로 사는 사람은 '하고 싶은 것을 해'라든가, '네 마음대로 해'라는 말을 들으면 어찌할 바를 모른다. 좀 더 구체적으로 표현

하면 길을 잃은 어린아이처럼 된다. 불안함과 두려움 때문에 하고 싶은 것에 선뜻 마음이 끌리지가 않는 것이다.

도대체 이처럼 자신이 하고 싶은 것을 마음대로 하지 못하고 불안해하는 사람을 어떻게 이해해야 할까? 이 사람들은 인간관계에 있어 우선 상대의 말을 듣고 그것에 따르려고만 한다. 자신의 기호나 의지가 아닌 상대의 의견을 따르는 쪽이 편하고, 그쪽이 훨씬 마음에 안심이 되는 것이다. 상대의 의지와 무관하게 자신에게 좋은 쪽으로 일이 진행되면 오히려 두려워한다. 이런 일로 배척당하지 않을까 불안한 것이다. 이 정도라면 심리적으로 매우 심각한 상태라고 말할 수 있다.

'설령 네가 원하는 대로 해도, 타인으로부터 여전히 사랑받을 수 있어'라는 말을 이들은 믿지 않는다. 왜냐하면 자신을 긍정하지 않는 사람은 자신과 타인을 늘 대립의 개념으로 놓기 때문이다. 이들은 인간관계를 늘 대립의 이미지로 받아들이기 때문에 자신이 하고 싶은 것을 마음껏 하는 것이, 곧 타인의 이익을 해치는 행위라고 생각한다. 그래서 상대가 즐겁기 위해서는 사람은 늘 '자신은 희생하고 상대를 위해 헌신해야 한다.'라는 논리를 갖게 된 것이다.

하지만 이러한 생각은, 사실상 어린 시절 주변 사람들에 의해 만들어지고 형성된 이미지일 뿐이다. 주변 사람들을 즐겁게 하기 위해, 자신의 자연스러운 감정을 억누르고 그들의 히스테리를 충족시키기 위해 헌신해온 것이다. 그렇게 자신의 실재하는 정서를 억압하고 상대의 폭력성에 굴복함으로써 나름의 안정과 평화를 추구했던 것이다. 따라서 '내 마음대로 해도 다른 사람들로부터 사랑받고 인정받을 수 있다'는 사실을 머릿속에 떠올리지 못하게 된 것이다.

이들에게 '하고 싶은 것을 마음대로 하라'는 것은 마치 발이 땅에 닿아 있지 않은 불편함을 감수하라는 것과 같다. 신경질적인 어른에 둘러싸여 성장해 온 사람의 깊은 슬픔이자 비극이 아닐 수 없다. 정서적으로 노예와 같은 삶을 살아온 사람에게 갑자기 '이제 자유다. 주인으로 살아라'고 한들 그것이 쉽게 되는 것이 아니다. 오히려 안정감을 잃고 옛 주인을 찾아 자유 따위는 필요 없다고 말할 가능성이 크다. 스스로 주체성에 대한 확신이 없기 때문에 불가능한 것이다.

그러면 과연 자신을 기쁘게 만드는 선택이, 반드시 타인을 괴롭히거나 피해를 주는 것인가? 물론 아니다. 하지만 그것을 알고 느끼려면 세월이 필요할지도 모르겠다.

인간에게 타인으로부터 인정받고 사랑받는 것은, 단지 자기가 원하는 것을 표현하는 능력 이상으로 중요한 것이다. 이러한 사실을 미국의 인본주의 심리학의 창시자라 불리는 아브라함 매슬로Abraham Maslow는 이렇게 지적하였다. '안전욕구가 충족되어야 비로소 성장 욕구가 따른다'

이 말은 인간이 기본적으로 공포나 위협 그리고 고통으로부터 피하려는 욕구가 충족되지 않으면, 자신의 성장과 발전을 도모하고자 하는 행동을 하지 않는다는 것이다. 그러나 문제는 성장을 목적으로 행동한 쪽이 더 안정된 삶을 이루어가는 데 여전히 어리광을 통해 사랑받으려는 사람이 많다는 점이다.

모라토리엄 인간은
정말 편안한가?

지나치게 수줍어하는 것도 누군가와 관계하는 것을 막는 장애물이다. 이들은 다양한 분야의, 여러 계층의 사람과 관계하는 것을 좋아하지 않는다. 이들을 '모라토리엄moratorium 인간, 즉 '정신적으로 성장이 정지된 사람'이라고 부른다. 이 사람들에게 어떤 조직에 들어가 교류하라는 제안은 그들의 자유를 빼앗겠다는 의미로 들린다.

이들은 조직 사회뿐만 아니라 사람과의 관계 자체를 꺼리는 경우가 많다. 이것은 연애를 한다 해도 마찬가지다. 좋아하는 감정은 있으나 어떤 관계를 형성하는 것을 불편해 피한다. 오히려, 미리 어떤 조건을 전제하고 설정하여 만나는 관계가 이들에게는 훨씬 마음이 편하다. 극단적으로는 남녀 관계에서 '조건 만남'을 편하게 생각하기도 한다. 친밀하게 서로의 마음을 나누고 공감하는 관계가 번거롭고 어려운 것이다.

도쿄東京 도심에서 외곽의 하치오지八王子로 이전한 한 대학을 다니는 학생들에게 심리적인 불안감이 증가했다는 기사를 접했다. 그들이 이전한 새롭고도 넓은 캠퍼스는 소강의실 위주의 밀도 있는 구성으로 교육 환경을 크게 개선했다고 홍보하던 대학이었기 때문에 관심을 모았었는데 이러한 환경 변화가 학생에게는 심리적 부담으로 작용한 것이다.

이전 캠퍼스의 대강의실에서는 옆 사람과 일종의 관계를 맺을 일이 없었다. 강의실이 넓고 학생들도 많아서 주변과 상관없이 수업에만 몰두하면 되었다. 굳이 개인적인 접촉을 만들 일도, 필요도 없었다. 하지만 새로운 캠퍼스의 소강의실 위주의 환경은 그렇게 하기가 어려웠다.

이러한 변화로 인해 심지어 등교 거부를 하는 학생이 생겨나기도 했다. 다른 학생과 관계를 맺는 것이 부담되고 싫은 것이다. 이제야, 예전에 상담하러 온 한 남학생이 학교에 가지 않는 이유가 같은 반 학생들과 함께 화장실을 사용하기 싫어서 그랬다는 것이 이해가 되었다.

인격적으로 성숙한
자기를 창조하라

저명한 심리학자이자 정신과 의사 조지 웨인버그^{George} _{Weinberg} 는 자신의 저서 『자기 창조의 원칙』[8]에서 '넬리'라는 여성을 소개한다. 그녀는 연애는 하지만 좀처럼 결혼으로 이어가지는 못하는 여성이다. 결혼을 위해 필요한 것은 타인과 맺는 관계의 건전성과 인격적 성숙인데 그녀에게는 그 점이 부족했다.

마찬가지로 인간의 행복의 척도에도 건전한 가치관과 인격적 성숙이 필요하다. 따라서 사회적으로 성공했다고 인간적으로 행복해질지는 장담할 수 없다. 아무리 물질적으로 성공한 사람이라도 한없이 불행하다고 느낄 수 있다. 사실 이것은 동양 사회에서 정년 문제가 대두되고 있는 까닭이기도 하다.

인간은 인간관계에 세 가지의 의미를 부여한다고 웨인버그는 설명한다. 첫째는 '사회적 임무를 수행하는 측면'이고 둘째는 '욕구를 충족하려는 측면' 그리고 마지막으로는 '인간으로서의 부분'이다. 그런데 정년을 맞이하게 되면 '인간으로서의 부분'만 남게 된다. 이것의 중심이 바로 '친화력'이다.

사실 고령사회에서 필요한 것은 '타인과 친해지는 능력'이다. 좋은 인간관계가 장수의 비결이라는 것은 잘 알려진 사실이다. 은퇴하고 아름다운 노년을 누릴 수 있느냐 없느냐는 얼마나 친화력이 있는가에 달려있다고 해도 과언이 아니다.

프레임 싸움은
분열을 부추긴다

타인과 친해지지 못한 사람들은 어떤 유형의 사람들일까? 그중 하나는 사람들을 하나의 논리나 신념으로 분류하고 각각의 틀에 넣어 인식하는 유형의 사람들이다. 이들은 사람들 각자가 가진 고유한 특성이나 개성은 인지하지 못하고 오로지 인식 틀에 충실하게 호불호를 분명히 가르는 사람이다. 하지만 자신의 논리 너머로 분류되는 삶의 다채로움을 전혀 인지하지는 못하는 유형이다.

이들에게는 '이 친구는 사람이 정말 좋아'라거나 '저 친구와는 정말 함께 여행 가고 싶다'는 사람이 없다. 왜냐하면 이런 사람은 실체적인 현실에 존재하는 인간과 접촉하지 않기 때문이다. 즉 심리적으로 교류하거나 공감하거나 관계하지 않는 것이다. 그러므로 그들은 '타인과는 상관없는 인간 고유의 존엄성' 따위는 인식하지 못한다. 어떤 기준에 따라 사람을 분류하기 때문에 우월한 사람과 열등한 사람이 항상 존재한다. 이것은 곧 자신 역시 항상 우월감이나 열등감을 가질 수밖에 없는 프레임이다.

이처럼 타인을 틀에 박힌 사고로 판단하는 사람은 자신이 가진 논리와 신념에 따라 이상적인 모습을 그려놓고 타인을 그 관념에 비추어 판단하려 애쓴다. 이런 경우에 상대를 현실 그 자체로 인지하는 것은 불가능한 일이다. 이처럼 비뚤어진 인식체계를 가지고는 사람과 가까워지기가 어렵다. 끊임없이 상대를 '그래야만 하는' 이상적인 모습에 맞추어 평가하고 색을 칠하고 조종하려 든다면 의미 있는 관계로 발전하기 어려운 것이다. 그래서 진짜 친구는 남아있지 않게 된다.[9]

좋은 의미에서 타인과 친밀감을 느낀다는 것은 방어적이지 않으면서 의존적이지 않은 관계를 말한다. 방어적이 되면 자의식 과잉이 되어 결국 자신의 약점을 감추는 것에 급급해져 좀처럼 친밀한 관계를 만들 수 없게 된다.

아군인지 적군인지
헷갈릴 때

친밀함을 발전시키는 것에 방해가 되는 것이 그 밖에도 몇 가지 있다. 그중 하나가 '이중구속Double bind'이라는 것이다. 진한 애정이 느껴지는 말을 하면서 마음으로는 상대를 거부하는 유형의 사람이다. 그런 사람들은 타인과의 의사소통이 원활하지 못한 것이 큰 특징이다. 예를 들면 이런 것이다.

"가세요, 나는 당신을 필요로 합니다"

그들은 이러한 모순적 메시지를 아무런 거부감 없이 보낼 수 있다고 스탠퍼드 대학의 심리학 박사인 필립 짐바르도Philip Zimbardo는 지적한다.[10] 한 편으로는 상대에게 '내 곁에서 떠나주길 바라고, 멀리 사라져주길 바란다'라고 생각하면서 동시에 '내 곁을 떠나지 말아 주길'이라는 생각을 진지하게 하는 것이다.

이렇게 모순적인 마음을 동시에 갖는 것이 가능하다는 게 놀랍지만 이런 유형의 사람들도 어떻게 타인을 대해야 하는지 모른다. 관계를 발전시키고'싶어도 그렇게

할 수가 없다. 그래서 식사 자리에서도 아무 말도 하지 않고 밥만 먹는 것이다. 이들이 이러한 태도를 발전시키는 이유로는 잠재적 적대감이나 불신감 등의 부정적 감정이 있기 때문이다. 적대감을 자기 깊숙한 곳에 숨겨두고 그 것을 상대에게 투영하기 때문에 대인공포증처럼 '사람'이 무서운 것이다.

미국의 정신과 의사 레오나르도 호로비츠^{Leonardo Horowitz}는 인간의 태도를 두 가지 타입으로 분류하였다. 타인에게 다가가는 태도를 '타입 C', 타인을 멀리하려는 태도를 '타입 D'라고 명명하였다. 그런데 이 두 가지 태도를 동시에 가지는 사람이 더러 있다고 한다. 이러한 태도가 복합적인 양상으로 나타나면 수줍음이 많아지고 타인과 있으면 불편을 느끼게 된다. 이렇듯 타인과 있으면 불편하다는 것은 심리적으로는 상당히 심각한 상태에 있다는 것을 말해준다.

사랑,
그 본질로부터

　부모는 아이가 완벽하기 때문에 사랑하는 것이 아니다. 어쩌면 정상적이지 않은 아이일수록 모든 애정을 쏟아 보살피며 언제나 더 주지 못함을 미안해한다. 사실 이것이 사랑의 본질에 더 가까운 것이다. 하지만 자신을 긍정하지 않는 사람은 진정한 의미에서 '사랑을 받는다'는 것을 모를 수 있다. '잘 났기 때문에 사랑을 받는 것이다'라는 생각이 정말 옳은 걸까? 아니다. 진정한 사랑을 모르기 때문에 하는 생각일 뿐이다.

　어떤 사람들은 그 누구와도 마음 편한 관계를 누리지 못한다. 이는 어쩌면 어떤 누구도 자신의 어리광을 받아주지 않았기 때문일 수 있다. 어리광의 본질은 내가 아무리 멋대로 해도 '당신은 여전히 나를 사랑해줄 것'이라는 확신이다. 이것은 자기중심적이라서가 아니라 상대에게 무조건적 애정을 갈구하는 심리에 가깝다. 우리가 진짜 바라는 관계는 아무리 어리광을 부려도 버려지지 않는 것인지도 모르겠다.

만일 그러한 어리광이 충족되지 않으면 마음속 깊은 구석 한자리에 그것이 자리 잡게 된다. 누구도 어리광을 받아주지 않았기 때문에 이 아이는 어른인 척 연기하며 살아갈 수밖에 없다. 어리광을 피우며 사랑받고 싶지만 스스로 그 욕구를 잠재우며 오로지 상대의 요구에 맞춰가며 관계 맺기를 이어가는 것이다. 이런 유형의 사람은 누구와 교제를 하든 그 사람과 사귀면서 진정한 기쁨을 체험할 수 없다.

사실 그가 상대에게 말도 안 되는 유치한 요구를 하더라도 자신을 거부하지 않으리라는 안도감이 그가 의미 있다고 느끼는 사랑의 체험이다. 하지만 여전히 자신의 그런 유치한 태도가 상대를 당황하게 하고 자기를 싫어하게 만들 수 있다는 두려움을 가지고 있는 경우가 많다.[11]

무기력한 착한 남자보다
마음이 보이는 나쁜 남자가 되라

사실은 자신의 자연스러운 모습을 보여주는 쪽이 사랑받는다. 부모의 요구에 적응한 아이는 사랑받으려면 예의 바르게 행동해야 한다고 생각한다. 하지만 그런 아이에게 '순수하고 귀엽다'라는 느낌을 받기는 어렵다. 즉 자신의 즐거움을 억압하는 '말 잘 듣는 아이'는 자신이 하고 싶은 대로 하면 부모가 싫어하니까 그것이 두려워서 마음대로 하지 못하는 것일 뿐이다. 그리고 그렇게 자신의 본모습을 감추고 살아가기 때문에 점점 부모에 대해 원망의 감정을 품게 된다. 그러므로 '말 잘 듣는 아이'는 부모를 사랑하지 않는다. 그래서 차갑다.

또한, 무력감에 빠진 부모는 아이의 '무리함'을 알아채지 못한다. 이렇게 '말 잘 듣는 아이'는 오늘도 내일도 무리할 것이다. 그러한 날들이 지속되면 아이는 심리적으로 아무것도 남아있지 않게 된다. 그러므로 이른바 착한 아이는 어른이 되어도 심리적으로 여러 문제를 안고 살아간다. 그들은 타인을 사랑할 능력이 없는 사람에게까지 사랑을 받으려고 한다. 그 말은 상대의 요구를 들어주고 그가 요구하는 모습으로 자신을 억압하면 사랑받을 것이라 확신하기 때문에 쓸모없는 사람들에게까지 늘 예의 바르게 행동하려고 노력하는 것이다.

물론 어린 시절에는 그것이 옳은 방법이었을지도 모르겠다. 하지만 성인이 되어서 주변에 책임감을 가진 성숙한 사람들과 함께 사회생활을 할 때 상황은 달라진다. 사랑할 능력을 갖춘 정상적인 어른이라면 아이의 천진난만함을 이해하는 사람이다. '대책은 없지만 사랑스럽고 귀엽다'고 버릇없는 아이도 너그럽게 받아주는 그런 사람들 말이다.

그러나 '착한 아이'는 어른이 되어서도 그러한 사람들에게까지 자신을 감추기에 급급하다. 결국, 그에게는 '그 사람다운 모습'이 없다. 개성이 없어지는 것이다. 그래서 진정으로 사랑할 능력을 갖춘 사람으로부터도 '어떤 매력도 없는 사람'이라고 평가받게 된다. 사실은 자신을 있는 그대로 보여주고 마음으로 함께하는 것이 사랑의 본질인데 어른이 된 '착한 아이'는 도무지 이해할 수 없다.

이른바 '착한 아이'의 비극은 그 인간관이 심리적으로

문제가 있는 사람들에게 맞춰져 있다는 사실이다. 따라서 인정받고 사랑받으려는 그들의 노력은 정작 정상적인 인간관계에서는 오히려 역효과를 낸다. 이들이 사랑받으려고 하는 행동은 오히려 사람에게 부담을 주고 실제적인 관계를 맺는 데 장애로 작동한다. 마음속을 털어놓을 만큼 친밀한 사람이 없는 외롭기 그지없는 인생이 이 '착한 아이'의 비극적 결말이다.

다른 사람만 너무 돌보면
나를 돌보는 법을 잊어버린다

이른바 '착한 아이'는 어른이 되어서도 여전히 '착한 사람'을 연기하다가 사람들과의 관계를 무너트린다. 이런 식으로 착한 사람을 연기하다 보면 주변 사람들이 그걸 알아차리고 그의 단순한 심리를 이용하기에 이른다.

예를 들어 단체로 줄다리기를 하는데 잡아당기는 척만 하는 사람들이 있다고 치자. "영차, 영차" 입으로는 열심히 구호를 외쳐대지만 정작 힘을 들여 줄을 당기지는 않는다. 하지만 실제로 열심히 줄을 당기는 사람들도 있다. 이때 줄이 끊어지기라도 하면, 실제로 줄을 열심히 당겼던 사람들은 다치게 된다. 앞뒤를 살피지 않고 온몸으로 열심히 줄을 당겼을 뿐인데 결과는 상처뿐이다.

우리의 일상도 마찬가지다. 부지런히 노력하는 사람이 많으면 많을수록 주변은 게을러지게 된다. 굳이 힘들게 노력하지 않아도 일하는 척만 하면 된다고 믿는 사람들이 있다. 현실의 세계에서는 이런 타입의 사람이 적지 않다. 앞뒤 가리지 않고 사람들을 향해 온 힘을 다해 수고

하던 사람이 결국에 실망하고 억울해 잠 못 이루는 밤을 보내는 경우가 많다. 주변을 둘러보니 나 혼자만 열심히 노력하고 있는 게 아닌가!

또 다른 유형으로는 자기가 원하는 것을 얻기 위해 친절하게 다가오는 사람들이 있다. 무언가를 해달라고 요구할 때도 당당하고 거리낌이 없다. 그런 사람들에게 친절을 베풀다 보면 어느 순간인가 이용당한다는 느낌이 들게 된다. 사실 친절한 사람은 상대의 친절함도 잘 알아보지만 한 번도 타인에게 친절해 본 적이 없는 사람은 상대가 친절을 베풀어도 그것이 무엇인지 알기가 어렵다. 그런 사람에게는 자신을 희생해가며 친절을 베풀어도 호구로 여겨질 가능성이 크다. 감사하다는 말을 들으려고 무리해서 친절을 베풀다 어처구니없는 처사를 당하는 경우가 생기는 것이다.

우리는 자기 자신 이외의
존재가 될 수 없다

　　　　　　　행복을 분석한 타타르 키비츠^{Wladyslaw} Tatarkiewicz의 저서에는 '나는 아무것도 하지 않았는데도 행복이 찾아왔다'는 개념을 소개한 부분이 있다.[12] 이 말에 많은 사람들은 '말도 안 되는 소리'라며 반기를 들지도 모르겠다. 왜냐면 열심히 희생과 헌신을 하고 노력하며 애써도 쉽게 얻을 수 없는 게 행복인데, 아무것도 하지 않아도 저절로 행복이 찾아온다는 말이 선뜻 와닿지 않는다.

　하지만 타타르 키비츠는 행복을 얻는다는 것은 '아주 단순한 방법으로도 가능하다'고 말하며, 18세기 프랑스의 계몽기 철학자 엘베시우스^{Helvétius, Claude Adrien}도 '희생을 베풀지 않고도 행복해야 하는 것'이라고 말한다.[13] 종합해보면 '자신의 삶을 사는 사람이 더 사랑받는다'고 필자는 정리하고 싶다. 이와는 반대로 사람들은 불행해지기 위해 고통스러운 노력을 계속하고 있다.

사람들은 자신의 재능과 자기다움을 희생하며 무리하고 있기 때문에 행복해지지 않는 것이다. '지금 있는 그대로의 자신으로는 행복해질 수 없다'는 전제 자체가 잘못된 것이다. 지금 있는 그대로의 약점투성이인 자신의 모습도 얼마든지 괜찮다. 있는 그대로의 결점투성이의 모습도 가치가 있고 사랑받을 자격이 있다. 자신의 존엄성을 인식하고 약점보다 장점이 더 많은 자신의 가치를 믿기만 한다면 행복은 언제나 우리 곁에 있는 것이다.

나태함과 무능력은
내 모습이 아니다

'있는 그대로의 자신'이라는 말을 오해하지 않았으면 좋겠다. 다시 말하면 '멋대로의 내 모습을 사랑하라'고 말하고 싶다. 그렇다면 이 말은 무엇을 의미할까? '멋대로'라는 말은 관계에 있어서 자연스럽고 여유롭다는 것이다. 상대가 '좋을대로 해도 괜찮아'라고 말할 때는 내 맘대로 해도 괜찮은 것이다.

예를 들자면 당신 통장에 잔액이 없다고 치자. 그런데 지금 당신은 막 사귀기 시작한 그녀를 멋진 레스토랑에 데려가고 싶다. 그래서 3개월 동안 열심히 절약하고 돈을 모아서 결국 멋진 레스토랑에 데리고 간다. 정말로 그녀에게 그곳에서 근사한 저녁을 사주고 싶은 생각뿐이었다. 다행히 애인도 그 진심을 알아준다. 그리고 이렇게 속삭인다. "당신과 함께라면 허름한 국숫집이라도 저는 정말 괜찮아요."

그런데 아무런 노력조차 하지 않고 그녀가 "국숫집에 가면 어때? 돈은 없지만 나는 당신을 사랑해"라고 말해

주기를 기대한다면 당신은 단지 그냥 제멋에 사는 사람일 뿐이다. 아무런 노력도 없이 '있는 그대로의 나를 사랑하라'고 말하는 당신은 무척이나 뻔뻔하고 얄미운 사람인 것이다. 또 그렇기 때문에 친구도, 애인도 없는 것이다.

자신이 할 수 있는 것을 열심히 하고 말보다 행동으로 최선을 다해 노력한다면 얼마든지 있는 그대로의 모습으로도 충분히 멋있고 사랑받을 수 있다. 그럴 때 '지금의 내 모습으로도 괜찮다'라는 말은 뻔뻔한 것이 아니게 된다. 노력도 발전도 없이 '멋대로' 사는 것이 아니기 때문이다. 자신이 할 수 있는 모든 것에서 최선을 다해 노력했기 때문에 자신의 모습 그대로가 좋은 것이다.

소중한 손님이 멀리에서 찾아왔을 때 '있는 그대로라도 괜찮다'고 했으니 대접을 소홀히 해도 괜찮다거나 나태함이 정당화되는 것이 아니다. 자신의 집에서 할 수 있는 한 최대한의 노력으로 대접을 해야 '내 멋대로 있는 그대로라도 좋다'는 표현이 어울리는 것이다.

부족함이 곧
많은 것이다

'웃으면 복이 온다'는 말이 있다. 복이 오니 웃는 것이 아니라 웃었더니 복이 온다는 것이다. 어떤 사람들은 행복해지는 재능을 가지고 태어나서 누추한 현실에도 상관없이 행복해진다고 한다. 그런 재능을 미처 가지지 못한 경우는 '어떠한 현실도 그 사람을 행복하게 만들지 못한다.'14 이렇듯 행복해지는 사람과 그렇지 않은 사람이 이미 결정되어 있다고 주장하는 사람들이 있다.

과연 사실일까? 어쩌면 사실일지도 모르겠다. 행복해지는 재능이란 '약점투성이의 내 모습도 가치는 있다'라는 사실을 아는 것이다. 즉 자신은 약점이 너무 많아서 노력할 가치가 없다고 생각하는 것이 아니라 약점이 많은 나로도 가치가 있기 때문에 열심히 노력하는 것이다. 노력하는 동기가 전혀 다르다. '행복을 부르는 노력'과 '불행을 부르는 집착'에는 차이가 있다.

과도하게 애쓰는 사람들이 존재하는 이유는 상대보다 우월해야만 자신의 가치가 생긴다고 믿기 때문이다. 이들은 어떻게 해서라도 자신의 우월함을 상대가 승복하도록 안간힘을 쓴다. 하지만 이들은 그저 잘난 체하는 한심한 사람 중의 한 명일 뿐이다. 필사적으로 약점을 감추고 자신이 정해놓은 이상의 자아상을 사람들 앞에서 실현하려고 무리에 무리를 거듭하는 사람은 옆에서 보고만 있어도 갑갑해진다.

0에서부터
다시 시작해야 한다

앞서 말한 노력은 모두 불행해지기 위한 노력이다. 그런 노력을 할 바에 차라리 아무것도 안 하는 것이 오히려 호감을 살 수 있다. 그렇기에 아무것도 하지 않아도 행복이 찾아오는 것이 이상한 일이 아니다. 이러한 행복에 대해 앞서 언급한 타타르 키비츠는 이렇게 말한다.

'한쪽에서는 행복을 얻는 것은 힘들고 어렵다고 하고 다른 쪽에서는 행복을 얻는 것은 간단하다고 한다.'[15]

더불어 내 생각은 이렇다. '자신을 긍정하지 않는 사람은 행복을 얻는 것이 힘들고 어렵지만, 자신을 긍정하고 무리하지 않는 사람은 행복을 얻는 것이 간단하다.' 이것은 곧 '솔직함'을 말하는 것이지 않을까. 달리 말하면 결국 솔직하지 않으면 무엇을 해도 행복해질 수 없다는 말과 같은 것이다.

"행복을 목표로 고군분투하는 것은 아무런 의미가 없다."고 20세기 영국을 대표하는 여류작가 엘리자베스 보웬Elizabeth Bowen도 말했다.16 "행복은 저절로 생기든지 아니면 전혀 생기지 않든지 둘 중 하나인 것이다."

자신이 하고 싶지도 않은 노력을 억지로 하면서 '행복해지지 않네'라고 말하는 것은 얼마나 어리석은 일인가. 그런데 우리 주변에는 하기 싫은 노력을 반복하면서 불행해 하는 사람들이 적지 않다. 달리 표현하면 하기 싫은 노력을 애써 하면서 자신의 매력까지 잃어가고 있다. 반면에 마음 편하게 여유를 부리면서도 행복하게 사는 사람들도 있다.

과연 이 차이는 어디에서 오는 것일까? 그것은 자신을 긍정하고 있는지, 아니면 이상적 자아상의 실현을 위해서 노력하고 있는지에 따른 차이일 것이다.

그렇게 '행복을 목표로 삼고 고군분투하는 것은 의미가 없다'라는 말이 딱 들어맞는 상황은 이상적 자아상의 실현을 목표로 노력하는 사람일 것이다. 그런 사람은 자신의 약점을 숨기려고 애쓰기 때문에 삶이 고달프다. 그렇게 긴장하고 경계하며 자신을 지키려고만 하는 사람은 내면이 약한 것이다.

하지만 간단하고 쉽게 행복을 얻는 사람들은 자기를 긍정하고 표현하는 사람들이다. 약점을 약점으로 보지 않기에 삶이 즐겁다. 약점으로 느끼지 않을뿐더러 '이상적 자아상'과 '현실의 자신'을 비교하지 않는다. 곧 무리하지 않는 사람은 내면이 강한 것이다.

인생은 의무가 아니며, 행복은 부담이 아니다

나는 어린 시절 '행복을 얻는 것은 어렵고 힘들다'고 생각했다. 아니 '나 같은 사람이 행복해질 리 없다'라고 굳게 믿고 있었다. 이상적인 것과는 한참 먼 약점투성이의 나를 받아들일 수 없었다. 하지만 그 생각이 바뀌게 된 시기가 있었다. 그때가 사람들에게 내 본모습을 숨기고 살아가는 나의 연기를 멈추게 된 시기이다. 그전까지만 해도 무리에 무리를 거듭하면서 주변 사람에게 인정받으려고 무척 애를 썼다. 확신이 없으니까 힘을 과시하고 능력을 자랑하며 우월감을 가지려고 부단히 경쟁했다. 그런데 아무리 노력해도 주변 사람들은 그런 나를 인정해 주지 않았다.

그러던 어느 날 문득 떠올랐다. '이런 내면을 가진 나를 사람들이 인정할 수 없는 것이 당연하지' 그렇게 탁월하지도 않으면서 우월해 보이려고 필사적으로 힘을 과시하고 있는 사람을 누가 진심으로 인정하려 할까? 인정받을 수 없는 것이 당연하다고 느껴졌다. 하지만 이렇게 힘이 있고 능력 있는 나를 인정하지 않는 주변 사람들이 이해되지 않았다.

그리고 이런 내면의 나를 인정하지 않는 것이 당연하다고 느끼게 된 후부터는 '나를 인정해!'라고 다른 사람들에게 요구하는 나 자신이 참 이상하다고 느끼기 시작했다. 그렇게 생각하게 되자 한 가지 깜짝 놀랄 만한 사건이 일어났다.

평소에 어떤 사람을 정말 싫어했다. '저 사람과는 절대로 가까워지고 싶지 않다'고 생각할 정도였다. 그는 자신의 우월함을 과시하는 요란한 사람이었다. 시도 때도 없이 허세를 떨며 힘을 과시하니까 주변에서 보면 영락없이 정신없는 사람이었고 나는 그런 그가 정말 싫었다. 그런데 어느 날 그의 모습을 보면서 어딘가 나와 많이 닮아있다는 생각이 들었다. 내가 가장 싫어하는 종류의 인간과 내가 닮아있다니 정말 충격적인 일이 아닐 수 없었다. 자신감도 없이 불안정하며 불행한 사람의 모습, 그것이 나와 그에 대한 인상이었다.

그 충격적인 사실을 깨닫고 나서는 '이렇게 능력 있고 힘 있는 나를 왜 인정해 주지 않지?'라며 주변 사람들을 원망했던 마음이 부끄러워졌다. 또 그렇게 생각이 바뀌자 솔직하지 못한 나를 꾸미려고 힘을 쓸 마음도 사라져버렸다. 허세를 부리며 인정받으려 하는 것이 어리석은 일이라고 느껴졌다. 동시에 주변 사람에게 인정받고 싶다는 바람도 어디론가 사라져 버렸다.

그러자 신기하게도 점차 주변 사람 중에서 나를 인정

해 주는 사람이 생겨났다. 약점 많은 나를 솔직하게 보여 주고 있는데도 의외로 받아들여지는 것이다. 약점을 감추고 강한 척을 할 때는 인정하지 않더니 오히려 솔직하게 소통하는 나에게 호감을 느끼는 사람이 많아진 것이다.

우리가 지구에 있는 이 짧은 시간

주변 사람의 태도에 불만이 있는 사람은 한 번쯤 자신이 행복해질 재능이 없는 것은 아닌지 반성해 볼 필요가 있다. 행복해지는 재능은 타인의 처지를 생각하고 헤아리면 누구라도 가질 수 있기 때문이다.

바꿔 말하면 행복해지는 재능을 갖지 못한 사람이란 타인의 처지나 마음을 헤아리지 못하는 사람이다. 자기 집착이 강해서 공동체에 대한 이해나 공감 또는 정서가 부족한 사람을 말한다. 더 나아가 그런 사람들의 특징 중 하나가 욕심이다. 행복해하지 못하는 사람을 보고 있으면 모두 욕심이 가득하다. 다시 말해 자기를 긍정하지 않는 사람은 모두 자기중심적이며 욕심 많은 사람이기도 하다.

행복한 사람은 사소한 것에서도 만족을 느낀다. 행복해질 수 있는 사람은 가령 상처를 입었다 해도 긁힌 정도니까 괜찮고, 낭떠러지에서 떨어지지 않은 것을 다행으로 여긴다. 긁힌 상처를 문제 삼는 사람과 낭떠러지에서 떨어지지 않은 것을 감사하는 사람의 차이. 그것이 행복해질 수 있는 사람과 그렇지 못한 사람의 관점이다.

만약 하루에 십 원을 저금하라고 하면 누구라도 할 수 있지 않을까 생각한다. 보통 십 원은 거스름돈으로도 안 받을 정도의 우스운 가치라고 여기지만, 열여덟부터 시작해서 희수인 일흔일곱까지 매일 모으면 대략 20만 원이 넘는다. 이 정도면 멋진 식당에서 풀코스 요리를 먹을 수 있는 금액이다.

이 제안에 '거의 60년간 매일 모아야 고작 그 정도? 하지 않는 게 낫겠네!'라고 생각하는 사람은 행복해지기 어려운 사람들이다. 이들은 욕심이 많아 티끌이라도 차곡차곡 모으는 노력이 불가능한 사람이다. 반면에 '와, 정말 그렇게나 돼?'라고 생각하는 사람은 행복해질 가능성이 많은 사람이다.

욕심쟁이는 아무리 많은 것을 가진다 해도 행복해지지 못한다. 그런 사람들의 내면에는 미움과 분노가 존재한다. 그것은 이상적 자아상을 실현하지 못하는 자신에 대한 미움과 자신을 인정하지 못하는 타인에 대한 분노인 것이다.

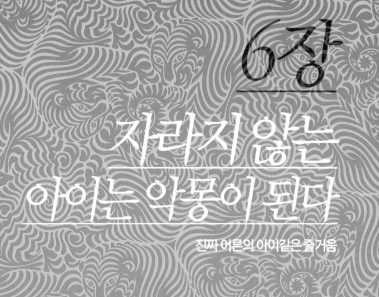

6장

자라지 않는 아이는 악몽이 된다

진짜 어른의 아이같은 즐거움

자라지 않는 아이는
현실에서는 아프다

정신의학 분야의 개척자로 불리는 스위스 분석심리학자 카를 구스타브 융Carl Gustav Jung은 남성의 에로스Eros는 아이의 에로스처럼 매우 수동적이라고 평가했다. '붙들려 빨려들고 쌓여 감춰지는, 부드러운 보호와 깊은 이해'를 본질적으로 바란다는 것이다. 그것은 속박당하고 귀여움을 받으며 보살핌을 받는 이른바 '완전한 보호'의 세계를 지향한다는 것이다.

이것은 일체의 고민이나 번뇌가 필요 없는 유아기적 안전으로의 강한 회귀본능이다. 이러한 상태에서는 자신이 짊어져야 할 책임의 무게와 노력의 여지가 들어설 틈이 없다. 스스로 행복해지려는 의지를 가질 필요도 없다. 그곳은 모든 의무와 책임에서 자유로이 해방된 세계이기 때문이다. 자신의 행복은 오로지 보호자의 책임감에 달려 있다. 자기가 독립된 인생을 스스로 개척하고 만들어 갈 이유가 전혀 없다. 그러나 이것은 유아기에 충족되었어야 할 욕구로써 퇴행적 욕망이다. 어른이 되어서까지 이러한 기대를 여전히 가지고 살아간다면 남는 것은 실망하고 원망하는 일뿐이다.

그런데 현실의 많은 남성은 이 퇴행적 욕구를 가지고 살며 누군가 그것을 충족시켜주기를 바라고 있다. 과연 이들의 눈에 보이는 세계는 어떤 모습을 하고 있을까? 아마도 '악의에 가득 찬 냉혹한 세상'이 펼쳐지고 있을 가능성이 크다.

이들이 심리적으로 더욱 부담을 갖는 이유에 대해 카를 구스타프 융은 이들이 '유아기적 어머니'의 존재를 여전히 갈망하지만, 이해받거나 공감받지 못하기 때문에 세상에 대한 더 비뚤어진 관점을 발전시킬 수 있다고 설명한다.

자립하지 못한 아이는
어른이 되지 못한다

전에 부부 갈등에 대한 상담을 많이 받았는데 그중 대다수 아내와 남편이 배우자의 유치함에 치가 떨린다고 고백하는 경우가 많았다. 나의 상담 경험으로 미루어 봐도 융의 분석은 정말 날카롭게 문제의 본질을 꿰뚫는 것이었다.

융의 경우는 남성에 대해 강조해 말했지만, 아내인 여성 쪽도 크게 다르지 않다고 본다. 이들은 자신이 노력하지 않아도 세계가 당연히 자신에게 행복을 가져다줘야 한다고 생각하며 그 기대대로 무언가가 이루어지지 않으면 자신의 주변 세계를 원망하기 시작한다. 즉 스스로 결정하고 노력하며 책임지지 않아도 자신을 행복하게 해주는 세계가 당연히 존재해야 한다고 여기는 것이다.

이런 사람들은 일체의 고통스러운 노력에서 완전히 해방되고 싶은 욕망에서 이 세계가 유독 자신에게만 냉정하다며 불평한다. 가만히 있는 세계를 그저 자신을 행복하게 해주지 않는다고 악의에 찬 세계로 규정하는 심리는 분명 문제가 있는 것이다. 건강한 사람의 눈에는 정상적이고 합리적인 세계라도 그들에게는 자신들을 적대하고 몰인정한 태도로 일관하는 냉혹한 세계인 것이다.

누군가가 나에게 적의가 있다고 느끼면 그가 무엇을 말해도 자신에게 해를 입히기 위한 시도로 받아들이게 된다. 그래서 항상 불안하고 기분이 나쁜 상황일 수밖에 없다. 객관적으로 보면 전혀 불쾌할 만한 상황이 아닌데 불만을 느끼는 경우가 생기게 된다. 그리고 이렇게 한번 언짢은 기분이 들면 당연히 즐겁고 기분 좋아야 할 상황인데도 불행하다고 느낀다. 그러한 자신의 기분을 이해해주지 못하는 주변 사람을 '무감각한 사람들'이라며 원망하고 비난한다. 정신분석학자 카렌 호나이의 말을 빌리면 그들은 항상 심리적 문제를 안고 산다.

이렇게 세계가 자기를 중심으로 돌아가지 않으면 즐겁지 않은 사람들은 자신의 유아기적 욕구를 채워줄 '심리적 어머니'를 찾아 의존하려는 열망이 있다. 이들이 냉정한 사람으로 비난하는 사람은 이러한 자신들의 욕구를 채워주지 못하는 사람이다. 이러한 열망이 채워지지 않으면 이들은 결국 현실에서 도피하게 된다.

미국의 임상 심리학자인 댄 카일리Dan Kiley는 이처럼 어른이 되지 못하고 현실의 세계로부터 도망치고 싶은 심리를 '피터 팬 신드롬Peter Pan Syndrome'이라 불렀다. 그는 이러한 사람들의 특징 중 하나가 자신의 주변 세계를 악의로 가득한 세계로 규정하고 두려워하는 탓에 주위를 항상 밝고 소란스럽게 하지 않으면 불안해진다고 밝혔다.

이들에게 중요한 것은 지금 '주변 세계가 나를 공격할 의도나 징조가 없다'는 점을 확인하는 것이다. 심지어 그들이 느끼는 정서는 마치 '적진에 침투한 스파이의 불안감'이라고 오스트리아의 정신과 의사 베런 울프Baron Wolff는 말했다.

네버랜드에서는 어른이 되면 규칙위반이다

종종 모자母子간에도 다양한 역할을 연기하는 경우가 있다. 어떤 엄마는 아들을 성숙한 어른으로 키울 생각이 조금도 없어 보인다. 지치지도 않고 헌신적으로 온 마음을 다해 아들을 돌보는데 막상 아들은 오랜 시간 부모에게 의존하여 살다 보니 어른으로서 뭘 어떻게 해야 할지를 모르는, 자기 존재의 의미를 찾지 못하는 경우가 생기는 것이다.[17]

이런 아들은 '어른 노릇'이 무엇인지 이해하지 못한다. 오히려 가족들이 자신의 혼란을 이해하지 못한다는 생각에 원망하기 시작한다. 이들은 오로지 부모의 명령과 희망에 따라 생활했고 진로도 선택했다. 살면서 스스로 문제나 목표를 찾고 성취하는 과정이 생략된 것이다. 결국 이들은 성장기에 배워야 할 적절한 독립심이나 주체의식 그리고 그것으로 인간관계를 만드는 기술을 체득하지 못한 것이다.

이들이 방치된다면 나이가 들면서 사회적 무기력증이 자신에 대한 실망으로 이어져 비극적인 말년을 보낼 수 있다. 그렇다면 과연 잘못은 누구에게 있을까? 엄마일까, 아들일까? 내 생각에는 양쪽 모두가 아닐까 싶다.

댄 카일리는 이렇게 '피터 팬 증후군'인 사람들은 파티에 집착한다고 한다. 그것은 어쩌면 자신을 둘러싼 '악의로 가득한 세계'에서 도망치고 싶은 욕망을 드러내는 일인지 모르겠다. 자신 주변이 항상 웃음이 넘치고 밝지 않으면 불안해지기 때문이다. 이들이 시끌벅적하고 흥청거리는 파티를 계속하지 않으면 안 되는 이유이다.

이렇듯 그들은 보통 사람들에 비교해 지나칠 정도로 밝은 분위기를 원한다. 바꿔 말하면 보통 사람들 이상으로 정숙하고 절제된 세계를 두려워한다. 이러한 분위기는 자신에 대한 반감의 증거라고 느끼기 때문이다.

가장 두려운 일은
자기 자신을 견디는 일이다

피터 팬 증후군의 사람들은 밝게 놀고 떠드는 것으로 불안을 해소한다. 한 아버지는 집안에서 분위기가 밝지 않으면 언짢아했다. 부자연스러운 밝은 분위기는 사실은 공포감의 반동형성反動形成이다. 그들의 두려움과 불안을 정반대의 경향을 강조함으로써 상황을 제어하려는 심리적 습관인 것이다.

카렌 호나이도 이와 비슷한 해석을 했다. 반동형성이

란 깊게 상처를 입은 마음을 치유하려는 시도라고 말이다. 피터 팬 증후군의 아버지는 그들의 유아기적 에로스의 바람을 충족하지 못했다. 그래서 불만이 쌓이고 자신의 바람을 충족시켜주지 못하는 주변 세계에 적의와 공격성을 표출하게 되었다.

그 결과 무의식적인 공포감에 떨게 되는데, 이 무의식의 공포감이 감정 변화에 근원이 된다. 일상에서 감정이 크게 흔들리는 원인이 되는 것이다. 기분이 좋았다가도 사소한 말에 갑자기 기분이 상한다. 무턱대고 타인의 언동에 과민한 반응을 보인다. 이런 현상을 '이상과민성異常過敏性'이라 말한다.

이런 과민성을 오스트리아의 정신의학자 알프레드 아들러Alfred Adler의 말에 따르면 '사회적 감정의 결여'라고 한다.[18] 즉 그들은 이 사회의 구성원들과 심리적으로 관계하지 않는 것이다. 이것은 적대감이나 공포감에 제압당한 상태를 말하는 데 그 제압당한 적대감이 주변 세계에 투영되어 '악의로 가득한 세계'에 대한 확신이 강화된다.

이처럼 주변 세계가 적의와 악의로 가득 차 있다고 느끼는 상태가 이상과민성의 주된 원인이다. 그렇기에 아

주 사소하거나 대수롭지 않은 말에도 민감하게 반응하게 되는 것이다.[19]

끝까지 달려봐도
두려움은 따라온다

아들러에 의하면 과한 민감성, 인내심 결여, 감정 과잉, 공포감, 경계심, 탐욕 등등은 열등감과 사회적 감정의 결여에서 나타나는 반응이다. 가령 탐욕스러운 기업가는 사회적 감정이 결여된 상태이면서 동시에 심각한 열등감을 가지고 있는 경우가 많다.

이렇게 어두운 내면을 가진 사람들에게는 부자연스러울 정도로 밝은 분위기가 아니면 불안을 해소할 수 없다. 어린 학생의 자살에 대한 기사 중에 '정말 밝은 아이였다'라고 쓴 글을 볼 수 있다. 아마도 그 학생은 극도의 불안과 두려움에 떨고 있었을지 모르겠다.

사실 '피터 팬'을 아버지로 둔 가정도 불행할 수밖에 없다. 항상 부자연스러울 정도로 분위기가 밝지 않으면 불호령이 떨어지고 아이가 표정이 어두우면 '피터 팬 아버지'는 불안해지는데 이는 주변이 밝은 웃음소리로 넘쳐나지 않으면 적의가 있다고 느끼기 때문이다. 밤새도록 웃고 떠들며 흥청거리는 파티는 무의식에 깊숙이 자리 잡은 절망의 '반동형성'인 것이다.

따라서 '피터 팬 아버지'를 가진 자녀는 아버지 앞에서 항상 큰 소리로 웃지 않으면 안 된다. 당연히 즐거운 감정이 있어서 웃는 것이 아니다. 자연스러운 감정을 잃은 채 아버지가 요구하는 감정 프로그램이 심어진 로봇처럼 살아가게 되는 것이다.

주변의 사람이 즐겁게 떠들며 흥에 겹지 않으면 그들이 자신을 싫어하는 게 아닌가 두려워지는 아버지는 위축된 자신을 용서할 수 없어서 가장 약한 상대에게 화풀이한다. 아이는 이 모든 과정의 피해를 고스란히 입게 되는 것이다.

두려움 앞에서는
모든 것이 낯설다

오랫동안 심리상담을 하다 보면 같은 유형의 '피터 팬 아버지' 또는 '피터 팬 남편'에 시달리는 사람들이 적지 않음을 알게 된다. 그 내용인즉슨, 부부가 단둘이 있을 때 어느 순간 조용해지면 남편이 갑자기 "내가 이렇게 열심히 일하는데 뭐가 그렇게 불만이야?"라고 화를 낸다는 것이다.

아내 입장에서는 특별히 기분 나쁜 일이 있어 토라진 것도 아니고 단지 조용히 있었을 뿐인데 갑자기 날벼락 같은 반응이 나온다는 것이다. 아내는 "저도 이제 지쳤어요"라며 언제까지나 항상 웃고 즐기는 척 지낼 수는 없다고, 더는 남편을 맞춰주며 받아주는 것에 진절머리를 친다. 이 아내가 도무지 이해할 수 없는 것은 남편의 마음에 드리운 '주변 세계의 적의'이다.

그 원인은 남편의 마음속 깊이 자리한 공포감 때문이다. 아내로서는 이해할 수 없는 것이 어쩌면 당연하다. 현실에서는 남편에게 둘러싸인 세계가 전혀 공격 의도로 가득하지 않기 때문이다. 아내에게는 있는 그대로의 평범한 현실이 남편에게는 무서운 일이고 항상 밝게 웃어주지 않으면 그토록 불안해하는 점을 이해할 수 없다.

그러나 남편은 그 있는 그대로의 평범한 현실을 보는 것이 아니다. 더욱 무서운 사실은 아내가 보고 있는 똑같은 현실이 남편의 눈에는 전혀 다르게 보인다. 문제는 아내가 이것을 모른다는 것이다.

빛을 바라기 전에
먼저 어둠을 의식하라

아내의 입장에서 조용히 앉아 있는 것은 남편에게 특별한 감정을 갖지 않고 있다는 것이다. 하지만 남편 입장에서는 아내가 조용한 이유가 자기에 대한 불만의 표현인 것이다.

자신을 긍정하지 않는 사람은 언제나 주변 사람들이 자신을 칭찬하거나 인정해주지 않으면 불안과 두려움을 느낀다. '일어나는 일들이 문제가 아니라 그것을 어떻게 인식하느냐의 문제'라는 것을 마음속에서 깨닫고 인정하기 전까지는 인간관계가 문제의 연속이다.

어떤 이가 조용히 앉아있다는 사실이 문제가 되는 것이 아니다. 그 상황이 각자가 가진 마음의 눈에 투영된다는 데 문제가 있다. 그러면 '앉아있다'는 사실에 수많은 해석과 다양한 시각이 존재할 수 있는 것이다.

잠시 내 어린 시절 이야기를 해보겠다. 어느 날 거실에 가만히 앉아있는데 갑자기 아버지가 "뭐야! 도대체 뭐가 불만인데? 내가 이렇게 열심히 너희들을 위해서 밤낮없이 일하는데 뭐가 문제여서 이런 분위기를 만드는 거냐고!"라며 소리치시는 것이었다.

이 세계가 자신에게 적의를 가지고 있다고 느낀 아버지가 내가 조용히 앉아있는 모습을 '불만의 표현'으로 받아들인 것이다. 사실은 자신이 주변 세상에 적의를 가지고 있기 때문에 주변의 세계도 자신을 배척하고 탐탁지 않아 할 것이라는 생각을 하게 되는 것이다.

이처럼 자신의 적의를 밖으로 표출하면 주변의 세계도 자신에게 적의가 있다고 여기게 된다. 자신의 내면을 밖으로 표출하는 것을 카렌 호나이는 '자신의 마음속에서 일어나는 것을 바깥 세계에서 일어나는 것으로 투사하는 것'이라 했다.

아버지가 말한 '이런 분위기'란 내가 느낀 분위기와는 엄연히 다르다. 분위기라는 것은 눈으로 증명해 보일 수 있는 것은 아니며 그것을 어떻게 느낄지는 그 사람 내면의 문제이다. "절대로 불만스럽게 앉아있던 것이 아니에요"라고 설명하면 "그따위 변명 따위는 듣고 싶지 않다!"라며 더 크게 화를 내셨다. 왜냐하면 아버지는 자신의 판단을 굳게 믿고 신념에 가까운 확신을 가지고 있어서, 내가 '절대로 불만이 있어서 앉아있던 것이 아니에요'라는 내 주장이 아버지의 신념에 대한 도전으로 받아들여졌으므로 화를 더욱 돋운 것이다.

최악의 적보다
자기 생각에 더 상처받다

정신분석을 공부하고 난 지금에서야 나는 아버지가 그토록 '밝은 분위기'에 집착한 이유를 이해할 수 있었다. 그는 언제나 주변 세계의 악의와 적의를 두려워하고 있었으며 '자연스러운지, 부자연스러운지'는 문제가 되지 않았다. 주변 세계가 밝은 목소리로 넘쳐나면 아버지는 그 두려움으로부터 잠시 해방되었는지 모른다.

고민 상담실의 편지나 라디오의 전화 상담 등에서 이와 같은 체험을 한 부자나 부부가 얼마나 많은지 놀라지 않을 수 없었다. 어떤 사람이 느끼는 두려움은 꼭 대상이 있어서라기보다는 자신의 마음속에 있는 심리적 문제일 가능성이 큰 것이다.

사실은 자신이 혐오하는 것이 실은 자신의 일부인 경우가 많다. 무엇인가를 두려워한다면 그것은 자신의 마음속에 알 수 없는 공포가 대상에게 투영되어 나타나는 것이다. 이러한 사실에 대해 미국의 심리학자 고든 올포트 Gordon Allport 는 자신의 저서 『편견의 본질』에서 다음과 같은 실험을 보고한다.[20]

한 무리의 아동에게 처음 보는 남성의 사진을 한 장 한 장 보여주고 '어느 정도 친밀감을 느끼는지' '얼마나 호감이 가는지' 질문하였다. 그리고는 어두운 방에서 비명을 지를 만큼 소름 끼치는 '살인자 놀이'를 시킨다. 끔찍하고 무서운 체험을 하고 난 다음 아동에게 아까와 똑같은 남성의 사진을 보여주었다. 그러자 그 남성에 대해 위협적이라고 느끼는 아이들이 많아졌다. 즉 아이들의 마음이 공포로 가득 찰 때는 전혀 상관없는 사람도 위협적으로 느껴지는 것이다.

따라서 유아기적 욕구가 충족되지 않은 남성은 상대의 사소한 언동에도 위협을 느껴 민감하게 반응한다. 그것이 가까운 사람의 경우에는 분노로 표출이 된다. "왜 당신은 항상 화를 내는 거야!"라고 조용히 있는 아내에게 화를 내는 남편이 적지 않은 이유이다. 자신은 열심히 일하고 있다고 생각하는 남편일수록 그 분노가 더 크다.

'내가 이렇게 열심히 희생하며 일하고 있는데 왜 그렇게 재미없는 표정이야?'라며 불평한다. 아내는 특별히 그럴 의도가 없었기에 왜 남편이 화가 났고, 왜 자신이 혼이 나는지 이해할 수 없다. 남편 마음속에 자신이 위협적인 존재로 비치리라는 것을 상상하지 못하기 때문이다. 그러한 아내는 무표정이 나오지 않도록 노력하면 상황이 나아질 거로 생각할 수 있는데 그것은 오산이다. 남편은 아내의 무표정이 두려운 것이 아니며, 아내의 정숙한 행동이 분노를 일으킨 것도 아니다. 자신의 내면에 숨겨진 근원적 불안감이 원인인 것이다.

당신을 비판하는 사람은
자신을 스스로 정의하는 것이다

'남들에게 내가 어떻게 비칠까?'라는 문제의 본질은 그 것이 자신의 문제가 아니라는 섬이다. 오로지 상대방이 가진 마음의 상태에 따라 결정되는 문제인 것이다. 이러한 사실로 본다면 '다른 사람이 나를 어떻게 생각하는지'를 고민하는 것이 얼마나 어리석은 것인지 알 수 있다.

자신이 아무리 멋진 모습을 보여주려 한들 상대방이 그것을 모두 볼 수 있거나 인정하는 게 아니다. 그것을 증명하는 이론을 심리학에서는 '투영投影'이라고 정의한다. 이것은 자신 내면의 인정하기 힘든 감정을 타인에게 표출하는 것을 말한다. 다시 말해 내가 어떤 인간인지는 사실 중요하지 않다. 단지 '상대가 나에게 무엇을 투영하는지'에 따라 내 모습이 결정되는 것이다.

'모든 타인은 나를 비추는 거울이다'라는 문장은 이 이론의 핵심을 극명하게 요약한 것이다. 사실 모든 인간이 삶에 대해 어떤 생각을 품든, 어떤 말을 하든 그것은 모두 자신의 내면에 있는 것들이 되비치는 현상일 뿐이라는 것이다. 물론 이것은 모든 분노의 원인을 자신에게 돌리라는 의미가 아니다. 하지만 '다른 사람이 나를 어떻게 보는지를 내 마음대로 바꿀 수 있는 것이 아니라는 점'을 이해하는 것만으로 인간이 얼마나 많은 고민으로부터 해방되는지 상상도 못 할 것이다.

예를 들어 모든 사물이 노란색으로 보이게 만드는 안경을 쓴 사람이 있다고 치자. 이때, 어떤 물체가 원래 노란색이었는가는 중요한 문제가 아니다. 무엇을 바라보는가도 더는 문제가 되지 않는다. 그 안경을 통해서 바라보는 모든 세계가 노란색이기 때문이다.

마찬가지로 자신이 실제로 어떤 인간인지가 중요한 것이 아니다. 상대의 안경이 어떤 것이냐에 따라 자신이 어떤 인간으로 비치는지가 결정된다.

스스로가 두렵고
불편한 사람들

앞장에서도 언급한 성격심리학의 창시자이며 전 미국 심리학회장인 고든 올포트는 '침소봉대針小棒大'의 심리학[21]을 설명한 적이 있다. 이것은 바늘만 한 것을 몽둥이만 하다고 말하는 과장의 심리 메커니즘을 말하는 것으로 타인에게 있다고 여겨지는 내면의 성질을 과장하는 것을 말한다.[22]

물론 타인에게 있다고 여겨지는 그 심리적 특성이 실제로 그에게 약간은 존재하는 것이 사실이다. 그러나 그러한 비판을 하는 인간에게도 내면에 그와 똑같은 특성이 있다. 하지만 그 점을 인정하고 싶지 않아서 타인의 내면에서 발견한 그 특성의 크기를 과장한다는 것이다.

이와 같은 심리과정을 거치는 사람에게 아무리 인정을 받으려 노력한다면 모두 헛수고일 것이다. 왜냐하면 내가 어떤 종류의 인간인지 관심을 두는 것이 아니라 시비를 걸 꼬투리를 찾는 것에 열심을 낼 것이기 때문이다.

사실 이러한 심리과정은 하루아침에 만들어진 것이 아니기 때문에 상대가 아무리 좋은 인상을 주기 위해 애를 쓴다고 해도 극복하기가 어렵다. 그러므로 오로지 내가 어떤 인간으로 보일지는 그의 편협한 내면에 미리 결정된 것이다. 침소봉대의 심리 메커니즘을 가진 사람에게 나의 말과 행동은 큰 영향력이 없다. 그러므로 그에게 인정받으려는 헛된 노력을 당장 그만두어야 한다. 하지만 더욱 심각한 점은 '투영投影'이다.

너희가 달의
마음을 아느냐

학창 시절 타인이 나를 어떻게 보는지를 고민하던 때에 시의 한 구절을 접하게 되었다.

보는 사람 마음 마음마다 맡겨두고
산봉우리 위 밝게 비추는 가을밤 달빛

니토베 이나조新渡戶稻造의 시이다. 그리고는 문득 이런 생각을 하게 되었다. 나에 대한 평가는 보는 사람의 마음에 맡기는 것 이외에 별다른 방법이 없다는 것. 그러므로 자신이 이렇게 저렇게 보이고 싶다고 바라는 마음은 어리석은 일이란 것이다.

앞서 언급한 『편견의 본질』에서는 투영이란 내 안에 있는 하나의 속성을 타인의 내면에 존재한다고 확신하는 행위라고 정의한다.[23] 문제는 그 타인의 내면에는 그러한 속성이 존재하지 않는다는 데 있다.

그럼 나는 무엇을 본 것인가? 자신도 모르게 내면에 도

사리고 있던 나의 속성이다. 결국 자신의 내부에 있는 문제의 원인을 외부의 대상으로 투영하여 그 대상을 탓하게 되는 것이다. 이런 심리적 작용이 인간에게 일어나는데도 상대가 나를 '이런 식으로 봐주면 좋겠다'는 바람은 얼마나 한심한 일인가?

하지만 이처럼 취약한 사람의 인식체계에도 불구하고 '투영'과 같은 방어적 기제에 지배를 받지 않는 사람들도 있다고 반론할 수 있을 것이다. 그런 사람은 분명히 사람을 통찰하는 눈을 가지고 있을 것이다. 다시 말해 그런 사람에게 실제의 자신보다 더 우월하게 자신을 꾸미고 그것을 인정받는 것은 어려울 것이다.

그런데도 올포트의 주장에 근거해서 '투영'에 대해 조금 더 생각해 보길 바란다. 올포트는 '억압'이 잘 이루어지지 않을 때 '투영'이 작용한다고 말했다. 사람은 자신의 의식에서 환영받지 못하는 것은 무엇이든 외면하고 억압할 가능성이 있는 것이다. 만일 그것을 솔직하게 직면하려면 자기에게 실망할 위험을 감수해야 할 것이다.[24]

비난에 답하지 않는
판단으로부터의 자유

　자신이 크고 높은 사람으로 보이기를 원하는 사람일수록 자신을 긍정하지 않을 가능성도 높다. 상처받고 작아진 자신의 본질을 보상받고 균형 잡기 위하여 과도한 존경과 애정을 구하는 것이다. 그들은 지치고 분노만 남은 자신의 본질을 감추기 위해 과도하게 자신을 꾸미고 있으며, 그것은 무너진 자존심을 인정하지 않으려는 몸부림과 같다. 비겁함, 탐욕, 허영심, 유아기적 의존심 등과 같은 속성이 자신의 내면에 있다는 사실을 인정하고 싶지 않은 것이다.

　이렇게 자신의 '실제의 특성이나 경향'을 억압하고 그것이 마음대로 되지 않으면 타인을 공격함으로써 내적 갈등을 처리한다. 이러한 문제들을 외부세계로 표출하여 이들은 자신의 내면의 문제를 타인의 문제로 전이轉移한다.[25] 자신 안의 불만을 다른 사람에게 투영하고 그들을 공격하는 것이다.

　자존심을 지키기 위하여 자신의 강한 허영심과 직면하

는 것이 아니라 어떤 사람을 대상으로 삼아 그에게 있지도 않은 허영심을 비난하는 것이다. 그래서 타인을 비난하는 사람들이야말로 실제로는 자신의 문제에 분노하고 있는 경우가 많다. 옆 사람에게 시끄럽다고 소리치는 사람의 목소리가 제일 크다는 것을 자신은 알지 못하는 것과 같다.

고백건대 나는 아버지로부터 '너는 허영심이 강해. 명예욕이 있거든!'이라는 비판을 듣고 자랐다. 당시에는 스스로 느끼기에 특별히 다른 사람과 비교해서 내가 특별히 명예욕이 있다고 생각하지 않았다. 그래서 그런 비판을 들으면 받아들이기가 몹시 어려웠다. 그리고 왜 걸핏하면 허영심 타령을 하는지 이해할 수가 없었다.

그런데 생각해보면 타인에게 받은 비난 중에 유난히 허영심이 많다는 비판을 많이 받았던 것은 사실이다. 그래서 나는 '왜 항상 그런 말을 들을까?'라는 의구심을 품게 되었다. 정신분석을 공부하다가 알게 된 사실은 나의 아버지는 자신이 허영심이 강하다는 점을 스스로 받아들이거나 인정하지 못했다는 것이다.

아버지는 사실 자신이 원하는 만큼의 사회적 성공을

거두지 못했다. 그래서 그 허영심이 친척이나 학교 동창, 세상 사람들에 대한 열등감과 원망으로 나타나게 되었다. 아버지가 할 수 있는 최상의 방어란 '나는 사회적 성공 따위는 신경 안 쓰는 큰 그릇이지. 그런 시답지 않은 명예 따위는 연연해 하지 않는 위대한 인물이거든!'이라며 자위하는 것뿐이었다.

하지만 사실 아버지의 마음은 보통 사람보다 사회적인 명성을 더 얻고 싶었다. 그런 자신이 허영심 덩어리라는 사실을 인정해버리면 스스로 적용한 '명예 따위는 연연해 하지 않는 위대한 인물'이라는 '심리적 방어기능'이 무너지기 때문에 끊임없이 외부로 투영하지 않으면 안 되었다. 때문에 나에게 날마다 '너는 허영심이 강하다'라는 비난을 했어야만 했다. 여기서 중요한 사실은 아버지가 자신의 의식 속에서 진심으로 그렇게 생각하고 있었다는 점이다. 이것이 바로 '투영'이다.

어깨의 힘을 빼고
순간을 온전히 즐겨라

지금까지의 내용을 보면 '사람들이 나를 이렇게 봐주면 좋겠다'라든가 '이렇게 보이면 사람들이 나를 좋아하겠지'처럼 타인의 눈을 의식해서 무언가를 하는 것이 얼마나 어리석은 짓인지를 알게 되었을 것이다.

타인이 자신을 어떻게 볼 것인지의 문제는 내가 어떤 사람인지가 중요치 않다. 사실은 보는 사람의 인격이 어떠한지가 문제인 것이다. 물론 세상에는 억압도 투영도 관계없는 사람이 많이 있다. 이들은 자신의 내면을 직시할 수 있는 사람들이며 타인의 현실도 제대로 들여다볼 수 있는 사람들이다. 그래서 이들은 실제의 자신보다 더 훌륭해 보이려고 애쓰는 사람을 간파한다.

나 역시 타인에게 내 모습을 잘 보이려고 에너지를 소모한 시기가 있었다. 지금 생각해보면 그 시기에는 항상 긴장하고 스트레스를 많이 받았다. 특별히 힘든 일을 하지 않아도 늘 지치고 피곤했다. 정말이지 하찮은 곳에 감정을 낭비하고 있었다. 그러나 조금씩 어깨의 힘을 빼면서 마음도 편안해졌다. 심리적으로 건강한 사람은 별도로 하더라도 사람들이 당신을 비판할 때는 대개 당신이 무슨 잘못을 해서가 아니다. 그것은 비판하는 사람의 마음에 문제이다.

조지 웨인버그는 좌절한 야심가에 대해 이렇게 적고 있다. '사람을 큰소리로 비난하는 것이 최후의 방어수단이다. 타인을 비난하는 사람은 자신을 성찰할 능력도 없으면서 타인을 평가하는 것에 불과하다.'[26]

이렇게 자신밖에 모르는 비판적인 사람들에게 인정받으려 노력하느라 시간을 보낼 거라면 삶을 긍정하는 사람들과 함께 오늘을 즐기며 행복한 시간을 보내는 것이 훨씬 낫다.

마음 깊이 숨어있는
결핍 때문에

이 책은 우리들이 얼마나 다른 사람들의 시선을 오해하며 사는지를 알려준다. 이는 인간관계의 다양한 면이 갖는 본질을 밝히는 심리학이라고 할 수 있다. 특히 현실을 직시하지 않고 스스로 만든 허상의 세계에 유리되어 살아가는 삶의 위험성과 공포에 대해 말하고 있다.

현실을 제대로 파악하고 사실들의 관계를 밝히지 않은 채 아무리 선의를 가지고 노력을 한다 해도 일이 원하는 대로 풀리지 않는 경우가 많다. 상대를 위해서 한 말과 행동이 오히려 깊은 상처를 주고 사람들로부터 사랑과 존중을 받고 있는데도 바보 취급당하고 있다고 해석하는 사람도 있다. 약점이 아닌 것을 약점으로 착각하고 그것을 감추려고 엄청난 에너지를 소비하는 사람들 말이다.

어른이 되어서도 현실에 적응하지 못하고 스스로가 만든 허상의 세계에서 살아가는 사람은 어린 시절, 그만큼 잔인한 현실을 경험했다는 것을 말해준다. 자신을 둘러싼 현실에 굳게 마음을 닫는 것밖에는 자신을 지킬 수 없었던 그들은 자신의 흉터를 감추려 전전긍긍하게 되고 그 과정에서 자신의 빛나는 가능성까지 숨기게 된다. 원래 가지고 있는 자신의 장점이 만개하기도 전에 약점이라는 잡초와 함께 무참히 꺾여버리는 것이다. 이것은 자신의 상처에 가려진 인품의 향기를 맡지 못하기 때문이다.

자신의 약점을 인정하고 스스로 받아들이면 자신의 장점도 피어나기 시작한다. 반대로 약점을 감추고 인정하지 않는 사람은 자신의 장점도 함께 묻어버린다.

우리 주위를 조금만 돌아봐도 자신의 약점을 감추려고 허세를 부리는 사람이 넘쳐난다. 그런 사람을 보고 '그렇게 잘난 척만 하지 않아도 친하게 지내면 좋을 사람인데'라고 생각해 본 적은 없는가? 또 '그렇게 자랑을 하지 않아도 좋은 점이 정말 많은데', '왜 자신의 장점을 깎아 먹는 것일까?'라며 아쉬워한 적은 없는가?

물러나는 것은
자신에 대한 가장 큰 배신이다

물고기는 물속에서 헤엄치는 것을 느끼지 못한다. 마찬가지로 인간은 '있는 그대로의 나'에 가치를 느끼지 못한다. 물고기가 자신이 물고기임을 만족하지 못하고 원숭이가 멋있어 보여 기를 쓰고 나무를 오르는 무모한 도전을 계속한다면 모든 것을 잃을 것이다.

"자신의 모습으로 살아가려고 결의하는 것은 인간의 진정한 사명이다."[27]

고독한 사람은 사람들과 섞이고 싶다. 칭송받고 사랑받기를 원한다. 하지만 인정받고 싶다는 감정 때문에 자신을 배신해서는 안 된다. 자기다운 삶을 포기해서도 안 된다. 좋은 사람, 착한 사람이 되어 칭찬받고 받아들여지고 싶어서 말도 안 되는 양보를 해서도 안 된다. 자신이 하고 싶은 것을 하면 혹시나 소외되고 배척당할까 두려워 미리 단념해서는 안 된다. 그런 식으로 자신을 계속 배신하게 되면 결국 상대에 대한 원망이 자리를 잡게 된다.

이렇게 무리를 하는데, 이렇게 참는데, '그런데도 왜?'라는 마음에 원망이 생기는 것이다. 그리고 이 원망은 간혹 의식할 때도 있지만 대부분은 무의식으로 보내져 잠복하다 사람들에 대한 분노로 조용히 떠오른다.

이렇게 되는 이유는 누구나 함께해야 할 상대를 필요로 하기 때문이다. 그래서 인정받고 사랑받으려 자기를 버리는 것이다. 하지만 이런 사람은 상대로부터 아무것도 얻어내지 못한다. 자신이 필요하거나, 채워져야 할 욕구마저도 상대의 눈치를 보며 양보하기 때문이다.

이 같은 거짓된 삶은 방향을 잃게 된다. 자신이기를 포기하는 태도는 잘못된 길로 들어서는 것이다. 외로워서, 모두에게 인정받으려고, 거짓된 모습으로 그럴듯한 자신을 연기하는 것은 분명 껍데기만 남은 삶이다.

고독을 이겨낸다는 것은 당당한 개인으로 독립하고 홀로서는 것이며, 하나의 인격체로 다른 사람들과 소통하고 공감받으며 진실한 사랑을 나누는 것이다. 그저 모두가 자신에게 관심을 두고 애정을 베풀어야 한다고 여전히 아이처럼 어리광을 부리는 것이 아니다. 이러한 사람과 성숙한 관계 맺기란 불가능하며, 이러한 사람 주변에 모여드는 사람은 순수한 척하는 교활한 사람뿐이다. 하지만 외로우니까 미덥지 못해도 거절하지 못한다. 이처럼 자신을 속이고 위선을 떠는 대가는 상당히 큰 것이다.

'친구란 두 개의 몸에 깃든 하나의 영혼이다'라는 문구를 다시 한번 되새겨 보자. 쓸데없는 허세를 부리기 전에 주변 사람들과 친구들이 나에 대해 말해주는 나의 좋은 점을 먼저 깨달아야 한다. 자신을 꾸미려고 애쓰는 사람들은 자신의 약점을 감추려고만 한다. 하지만 무엇인가를 감추고 숨기려는 노력은 성공하지 못한다. 심지어 자신도 다른 사람들의 허세를 쉽게 눈치채지 않는가?

예로부터 기자불립企者不立이라 했다. 뒤꿈치를 들면 오래 설 수 없다는 뜻이다. 눈속임으로 자신의 약점을 감추고 서려는 것은 쓸데없는 짓이다. 더욱이 약점을 계속 감추면 '약점이 있어도 사람들에게 받아들여질 수 있다'는 경험을 할 기회를 잃는다. 오히려 잘 꾸며진 자신만이 사회적으로 인정받는다는 잘못된 감각만을 키우게 된다. 있는 그대로의 자신은 가치가 없다는 생각은 확신을 넘어 신념이 된다. 결과적으로 타인의 평가와 호의는 점점 더 중요해지게 되며, 힘든 노력을 하면 할수록 점점 타인의 중요성이 부당하게 자리를 차지하게 된다. 즉 무리하는 사람은 매일 기를 쓰고 노력하지만, 점점 약한 인간이 되며 결국에는 모든 것이 두려운 겁쟁이가 되는 것이다.

타인이 부당한 중요성을 갖게 된다는 것은 무엇보다 체면을 가장 신경 쓰게 되는 것을 의미한다. 무언가 도전하려고 해도 실패하면 웃음거리가 될까 두려워 겁을 먹고 도전을 포기하는 것이다.

과연 이런 사람이 누군가를 집에 초대하고 싶다면 어떨까? 거절당하면 체면을 구겼다고 생각할 것이고, 그렇게 되지 않으려고 허세를 부리면서 무리를 해서라도 타인의 눈에 최고로 비치려고 신경 쓰게 된다. 자신의 경제력으로는 마련할 수 없는 고가의 제품을 구매하는 등 자신을 대단한 사람으로 보이기 위한 모든 노력을 기울일 것이다. 반면에 상처받을 것이 두려워 어떠한 초대나 교제도 하지 않는 사람도 있다. 이러한 사람이 자신의 인생을 돌이켜보며 '내 인생은 후회 없어'라고 말할 수 있을까?

인생을 최대한
즐기는 마음가짐

누군가의 호감을 얻으려고 무리를 하면 이것저것 많은 것을 잃게 된다고 이 책은 여러 번 강조했나. 그중 하나가 '인생의 의미'이다. 바보 취급을 당하지 않겠다고 무리를 한 결과가 자기 삶의 의미를 잃어버리는 것이다. 어쩌면 당연한 이치다. 내가 아닌 나의 모습으로 살고 있는데 어떻게 자기 인생의 의미를 찾을 수 있겠는가? 무의미함에 고통받는 것이 당연하다. 미움받는 것이 두려워 불행을 선택했다고 말해도 부족함이 없다.

자신의 인생에서 행복을 발견하려면 근거 없는 두려움을 이겨내는 힘이 필요하다. 행복에 적은 밖에 있지 않다. 자신 내면의 두려움에 있다. 행복과 불행의 차이는 인생을 둘러싼 상황이 아닌 그것을 직면하는 내면의 태도 때문이라 말할 수 있다. 내면의 속사람이 원인이 되는 것이다.

에피쿠로스는 '인간은 가장 쾌적한 상황일지라도 불행해질 가능성이 있다. 하지만 자신의 힘으로 얼마든지 불행을 행복으로 바꿀 수 있다'고 말했다. 이 말은 행복해지기 위해서는 자신의 태도를 바꾸는 것이 얼마나 중요한 것인지를 말해준다.

미움받고 배척당하지 않는데 그렇게 대우받고 있다고 착각하는 것은 '피혐망상'이다. 이러한 심리에 빠지면 현재보다 나은 쾌적한 상황에 놓여도 불행해질 수밖에 없다. 하지만 피혐망상의 심리를 제대로 알고 자세히 들여다본다면 얼마든지 자신의 힘으로 불행을 행복으로 바꿀 수 있다. 이 점을 이 책을 읽는 독자들이 기억하길 바란다.

주석

1. Wladyslaw Tatarkiewicz, 『Analysis of Happiness』
   加藤諦三(가토 다이조) 역, 『こう考えると生きるのが嬉しくなる(이렇게 생각하면 삶이 즐거워진다)』三笠書房(미카샤쇼보)

2. David Seabury, 『How to Worry Successfully』 (Blue Ribbon Books, New York, 1936) 加藤諦三(가토 다이조) 역, 『心の悩みがとれる(마음의 고민을 해소한다)』三笠書房(미카샤쇼보)

3. David Seabury, 『How to Worry Successfully』 (Blue Ribbon Books, New York, 1936) 加藤諦三(가토 다이조) 역, 『心の悩みがとれる(마음의 고민을 해소한다)』三笠書房(미카샤쇼보)

4. Ellen J. Langer, 『Mindfulness』 (Da Capo Press, 1989) 加藤諦三(가토 다이조) 역, 『心の「とらわれ」にサヨナラする心理学(마음의 집착과 작별하는 심리학)』PHP研究所(PHP연구소)

5. 井上忠司(이노우에 타다시) 저, 『世間体の構造(세상 체면의 구조)』講談社學術文庫(고단샤학술문고)

6. 河野与一(고노 요이치) 편역, 『イソップのお話(이솝 이야기)』岩波少年文庫(이와나미소년문고)

7. Karen Horney, 『The Neurotic Personality of Our Time』 (W. W. Norton & Co., Inc., 1964, pp.112~113)

8. George Weinberg, 『Self Creation』 (St. Martin's Press Co., New York, 1978) 加藤諦三(가토 다이조)역, 『自己創造の原則(자기 창조의 원칙)』三笠書房(미카샤쇼보)

9. 加藤正明(가토 마사아키) 저 『講座家族精神医学(자기 창조의 원칙) 4巻 4권』弘文堂(고분도)

10. Philips G. Zimbardo, 『Shyness』 (Addison-Wesley Publishing Co., 1975) 木村駿, 小川和彦(기무라, 오가와 카즈히코) 역, 『シャイネス 第

　　1部　内気な人々(샤이니스 제1부 내성적인 사람들)』勁草書房(게이소
　　쇼보)

11. Philips G. Zimbardo, 『Shyness』 (Addison-Wesley Publishing Co.,
　　1975) 木村駿，小川和彦(기무라, 오가와 카즈히코) 역,『シャイネス　第
　　1部　内気な人々(샤이니스 제1부 내성적인 사람들)』勁草書房(게이소쇼
　　보)

12. Wladyslaw Tatarkiewicz, 『Analysis of Happiness』
　　加藤諦三(가토 다이조) 역,『こう考えると生きるのが嬉しくなる(이렇
　　게 생각하면 삶이 즐거워진다)』三笠書房(미카샤쇼보)

13. Wladyslaw Tatarkiewicz, 『Analysis of Happiness』
　　加藤諦三(가토 다이조) 역,『こう考えると生きるのが嬉しくなる(이렇
　　게 생각하면 삶이 즐거워진다)』三笠書房(미카샤쇼보)

14. Wladyslaw Tatarkiewicz, 『Analysis of Happiness』
　　加藤諦三(가토 다이조) 역, 『こう考えると生きるのが嬉しくなる(이
　　렇게 생각하면 삶이 즐거워진다)』三笠書房(미카샤쇼보)

15. Wladyslaw Tatarkiewicz, 『Analysis of Happiness』
　　加藤諦三(가토 다이조) 역, 『こう考えると生きるのが嬉しくなる(이
　　렇게 생각하면 삶이 즐거워진다) 三笠書房(미카샤쇼보)

16. Wladyslaw Tatarkiewicz, 『Analysis of Happiness』
　　加藤諦三(가토 다이조) 역,『こう考えると生きるのが嬉しくなる(이렇
　　게 생각하면 삶이 즐거워진다)』(三笠書房(미카샤쇼보)

17. C. G. 융 저, 秋山さと子(아키야마 사토코) 편역, 野村美紀子(노무라 미
　　키코) 공역, 『ユングの人間論(융의 인간론)』新思索社(신시사쿠샤)

18. Alfred Adler, Translated by John Linton M.A. and Richard Vaughan,
　　『Social Interest: A Challenge to Mankind』 Faber and Faber Ltd. 24

Russell Square, London, p.67

19. Alfred Adler, Translated by John Linton M.A. and Richard Vaughan, 『Social Interest: A Challenge to Mankind』 Faber and Faber Ltd. 24 Russell Square, London, p.108

20. Gordon Allport, 『The Nature of Prejudice』 A Doubleday Anchor Book, 1958 原谷達夫, 野村昭(하라타니 타츠오, 노무라 아키라) 역, 『偏見の心理(편견의 심리) 下卷 하권』 培風堂(바이후도)

21. "The Mote-Beam Mechanism"

22. Gordon Allport, 『The Nature of Prejudice』 (A Doubleday Anchor Book, 1958) 原谷達夫, 野村昭(하라타니 타츠오, 노무라 아키라) 역, 『偏見の心理(편견의 심리) 下卷 하권』 培風堂(바이후도)

23. Gordon Allport, 『The Nature of Prejudice』 (A Doubleday Anchor Book, 1958, p.364)

24. Gordon Allport, 『The Nature of Prejudice』 (A Doubleday Anchor Book, 1958, p.363) "conflict that would lower our self-esteem if frankly faced"

25. Gordon Allport, 『The Nature of Prejudice』 (A Doubleday Anchor Book, 1958, p.363)

26. George Weinberg, 『The Pliant Animal』 (St. Martin's Press Co., New York, 1981) 加藤諦三(가토 다이조) 역, 『ブライアント・アニマ ル(온순한 동물)』 三笠書房(미카샤쇼보)

27. Rollo May, 『The Meaning of Anxiety』 (W. W. Norton & Co., Inc., 1977, p.40)

사람이 너무
어려운 나에게

초판 1쇄 발행　　2019년 2월 20일

지은이　　가토 다이조 加藤諦三
옮긴이　　박선형
펴낸이　　윤석진
총괄영업　　김승헌
책임편집　　양승원
디자인　　이성우 ArtierLee

펴낸곳　　도서출판 작은우주
출판등록일　　2014년 7월 15일 (제25100-2104-000042호)
전화　　070-7377-3823
팩스　　0303-3445-0808
주소　　서울특별시 마포구 월드컵북로4길 77, 3층 389호
이메일　　book-agit@naver.com

북아지트는 **작은우주**의 성인단행본 브랜드입니다.

파본은 본사나 구입하신 서점에서 교환하여 드립니다.
이 책의 내용은 저작권법의 보호를 받는 저작물이므로 무단 전재와 무단 복제를 금합니다.

ISBN　　979-11-87310-19-8 (03120)